Gerhard Nestler
Edilberto Formigli

Etruskische Granulation

Eine antike
Goldschmiedetechnik

nuova immagine

Ein Dank gilt den Museen und Instituten die unsere Arbeit unterstützten, den zitierten Autoren, deren Quellen uns hilfreich waren, Hans Ulrich Tietz, Alfio Ticci und im besonderen Sylvia.

[ISBN 00-7145-052-3]

1. Ausgabe, Februar 1993

Via San Quirico, 13
I-53100 SIENA
Tel. 0(039)577-42.625
Fax 0(039)577-44.633

Fotohinweis: Umschlag, 1, 8, 14, 19, 21, 22, 24, 52, 53, 58, 59: *Edilberto Formigli*, Casa Bacini, I-53016 Murlo/Si; Innenklappe: *Barbara Malter*, I-05032 Calvi dell Umbria; 2, 3, 9, 10, 25: *Deutsches Archäologisches Institut Rom*; 28, 44, 51, 55, 56, 57, 61, 62: *Gerhard Nestler*, I-53010 Ville di Corsano/Siena; 12, 13, 34: *Rathgen Forschungslabor Berlin*; 17, 18: *Hans Ulrich Tietz*, Berlin; 11: *Hermann Born*; 4: *Ägypt. Museum Kairo*; 26: *Museo Arquelogico Nacional Madrid*; 28: *Mechthild Baumann*, Köln; 15, 16, 23: *Istituto Donegani Novara*; 27, 30, 32, 35, 36, 37, 38, 39, 40, 43, 47, 48, 49, 50, 54, 63: *Edilberto Formigli/ Gerhard Nestler*.
Illustrationen: 31, 64 Gerhard Nestler; 6, 42, 45, 46: Sylvia Nestler; 7, 33: Edilberto Formigli.

Druck: Centrooffset, Siena

Inhalt

Seite

7 Vorwort

9 Einleitung

11 Ex Oriente Lux

21 Mystifizierung

29 Chrysocolla

35 Das Reaktionslöten

37 Das 20. Jahrhundert

38 Die Technik

41 Herstellung der Granalien

51 Schmelzen der Granalien

55 Waschen und Sortieren

63 Der Auftrag auf das Werkstück

71 Das Flußmittel

75 Das Löten mit Holzkohle

81 Löten im Werkofen

91 Noten und Literaturhinweise

92 Bibliographie

94 Glossar

Vorwort

Der älteste Verwendungszweck des Metalls durch den Menschen galt dem Schmuck. Bis heute fasziniert uns eine antike Schmucktechnik – lange geheimnisumwoben – die Granulation.

Sie ist eine elitäre Goldschmiedekunst, die immer eine Sonderstellung beanspruchte. Über Jahrtausende begleitete die Granulation die antiken Kulturen, bis sie unter der Blütezeit der etruskischen Aristokratie einen Kulminationspunkt erreichte.

Es ist die Technik, feinste Kügelchen mit dem Goldgrund wie unsichtbar zu verbinden, manchmal waren es über hunderttausend.

Antikem Schmuck ist heute eines versagt: Seine spezifische Sprache dient nicht mehr der ursprünglichen Absicht zu Schmücken oder dem jenseitsorientierten kultischen Brauch. Ohne die Reflexe der Sonne in natürlicher Bewegung, ohne Haut, Haar und Gewand des Menschen, der ihn einst trug, hat er sich verselbstständigt, – zum Vitrinenobjekt.

Mit der Schatzgräberei der Pionierzeit aber, begann auch die Archäologie. Ist sie heute zu einer interdisziplinären Wissenschaft erwachsen, dann nicht zuletzt, weil dem Spektaculum die Neugier folgte, mehr zu wissen über uns selbst und die anderen.

Die Schätze von heute liegen im Verstehen des Dingzusammenhangs. Internationale Symposien, wie die am Poggio Civitate in Murlo/Siena wollen dem Zweck dienen, diesen Kontext wieder herzustellen, Theorie und Praxis zusammenzuführen, den Kopf und die ältesten Werkzeuge des Menschen, seine Hände.

[1] *Anhänger in Form eines gehörnten Acheloo-Kopfes mit Kapselöse, um 480 v.C.,* Musée du Louvre, *Paris.*

Einleitung

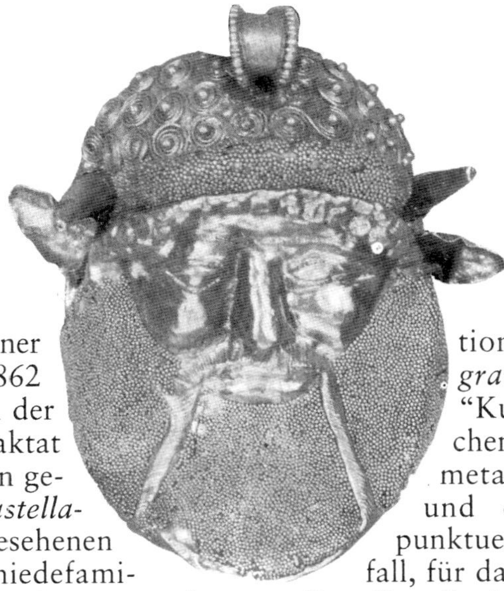

Besuchern der Londoner Weltausstellung von 1862 wurde in der Sektion der Goldschmiede ein Traktat überreicht, in dem ein gewisser *Alessandro Castellani* [1], Sproß einer angesehenen römischen Goldschmiedefamilie, einen Vortrag rezitierte, aus dem wir hier einen kurzen Auszug voranstellen:

"*Meine Herren, ich bat sie um die Gunst mir zu erlauben, ihnen in kurzen Worten die Ergebnisse meiner Nachforschungen über die Goldschmiedekunst, wie sie von den Alten einst ausgeübt ward, darzulegen, [...] dies auch bezüglich der Produktionsverfahren, die von den Künstlern seinerzeit angewandt wurden. Unglücklicherweise sind diese Verfahren verlorengegangen, wie so viele Geheimnisse einer Zivilisation, die die Mutter der unsrigen war [...] unter anderem stellten uns die schier unsichtbaren Granalien, die als Zierde antiker Goldschmiedearbeiten eine so bedeutende Rolle spielten, vor beinahe unüberwindliche Schwierigkeiten. Wir unternahmen endlose Versuche, [...] studierten die Schriften des Plinius, Theophilus und Benvenuto Cellinis und vernachlässigten keinerlei andere Informationsquellen [...]*" [2].

Die Kunst, von der Castellani hier sprach, war die Technik der Granulation (abgeleitet von lat. *granum* = Korn), die "Kunst", winzige Kügelchen mit dem Untergrund metallisch zu verbinden und dies möglichst nur punktuell, das heißt im Idealfall, für das Auge unsichtbar.

Den Castellanis war es nie vergönnt, dieses "Geheimnis der Alten" zu lüften, aber ihre zahlreichen Nachahmungen etruskischer Goldschmiedearbeiten waren von so hoher Qualität, daß sie oft erst heute als sogenannte Fälschungen in Sammlungen erkannt werden. Gleichzeitig sind sie selbst längst zu hochbezahlten Sammler- und Museumsstücken avanziert.

Geblieben ist jedoch das Mysterium um die Granulationstechnik. Einmal zu solchem hochstilisiert, beschäftigte es nun die Gemüter der Goldschmiede (nicht nur) des ausgehenden 19. Jahrhunderts. Kaum hatte der Klassizismus das Bewußtsein für die Antike aufs Neue geschärft, begann man zu begreifen, was die die noch junge Archeologie nun in reichem Maße zu erschließen hatte.

Es war die Zeit großer Entdeckungen und ungeheurer Möglichkeiten, in der englische, französische, deutsche und amerikanische Ausgräber oft auch im ungenierten Zugriff ihre heimischen Museen mit den Schätzen aus der Kulturwiege der Menschheit füllten.

Aber nicht nur Kleinasien überbot sämtliche Erwartungen. Gewissermaßen "vor der Haustür" konnten unversehrte Grabschätze geborgen werden, wie die der Tomba Regolini-Galassi bei Caere (Cerveteri), die ein Volk wieder in den Mittelpunkt des europäischen Interesses rückten – die Etrusker.

[2] *Große Scheibenfibel aus der Tomba Regolini Galassi bei Cerveteri, ca.650 v.C. 31,5 x 24 cm.* Vatikan, Museo Etrusco Gregoriano. *Auf dem Bogen mit elliptischer Platte sind 55 vollplastische Gänsefigürchen aufgereiht, zwei Halbzylinder von 24 cm Länge mit Zickzack-Muster in feinster Liniengranulation dekoriert, die große ovale Scheibe zeigt 5 plastische Löwen. Alle Konturen wurden mit kaum wahrnehmbarer Liniengranulation nachgezeichnet.*

Ex Oriente Lux

[3] *Detail der linken Scheibenfibel.*

Etruskische Goldschmiede schufen ihre Werke für die Lebenden wie die Toten, sowohl als Ausdruck der Würde und des gehobenen Standes, wie als Bestandtteil des Totenkultes. Mit ihrer verfeinerten Granulationstechnik erlangten sie ein künstlerisch-technisches Niveau, das später nie wieder erreicht wurde, deshalb soll ihnen hier unser besonderes Augenmerk gelten.

Beachtung verdient sowohl die Komplexität der Motivpalette als auch das Ausschöpfen der Grenzen technologischer Möglichkeiten ihrer Zeit.

Im siebten und sechsten Jahrhundert v.C. waren etruskische Handwerker bereits in der Lage, ihren Goldschmuck mit feinstem Granulat im Durchmesser um 0,12 mm zu belegen. Da das bloße Auge dann kaum noch einzelne Körner zu unterscheiden vermag, eher eine samtene Mattierung der Oberfläche wahrnimmt, spricht man in solchem Fall von *Staubgranulation*.

Für manche Schmuckarbeiten wurden Tausende, ja zigtausend Granalien in nahezu gleicher Größe verarbeitet, wie zum Beispiel für die große *Scheibenfibel* von Cerveteri im Vatikan (Museo Etrusco Gregoriano). Auf dieser außergewöhnlichen Arbeit wurden über 120.000 Granalien einzeln an den goldenen Grund geheftet und nur punktuell mit einander verbunden.

Wer es zu solcher Kunstfertigkeit brachte, hat natürlich profitiert vom Wissen derer, die vor ihm waren. Und wer da glaubte, die Etrusker hätten diese raffinierte Ziertechnik überhaupt erst entwickelt, wird wohl erstaunt sein, zu erfahren, daß die Granulation bereits in etruskischer Zeit eine antike Technik mit zweitausendjähriger Tradition darstellte.

Die ältesten, bis heute bekannten Objekte mit Granulatverzierung datieren aus der Zeit um 2500 v.C. und wurden aus den Königsgräbern von *Ur* geborgen. Von Mesopotamien fand die Granulation besonders nach der Zerstörung von Ur den Weg nach *Anatolien*, *Syrien* und *Troja* (2100 v.C.). Teile des von Schliemann gehobenen "*Schatz des Priamos*" demonstrierten bereits

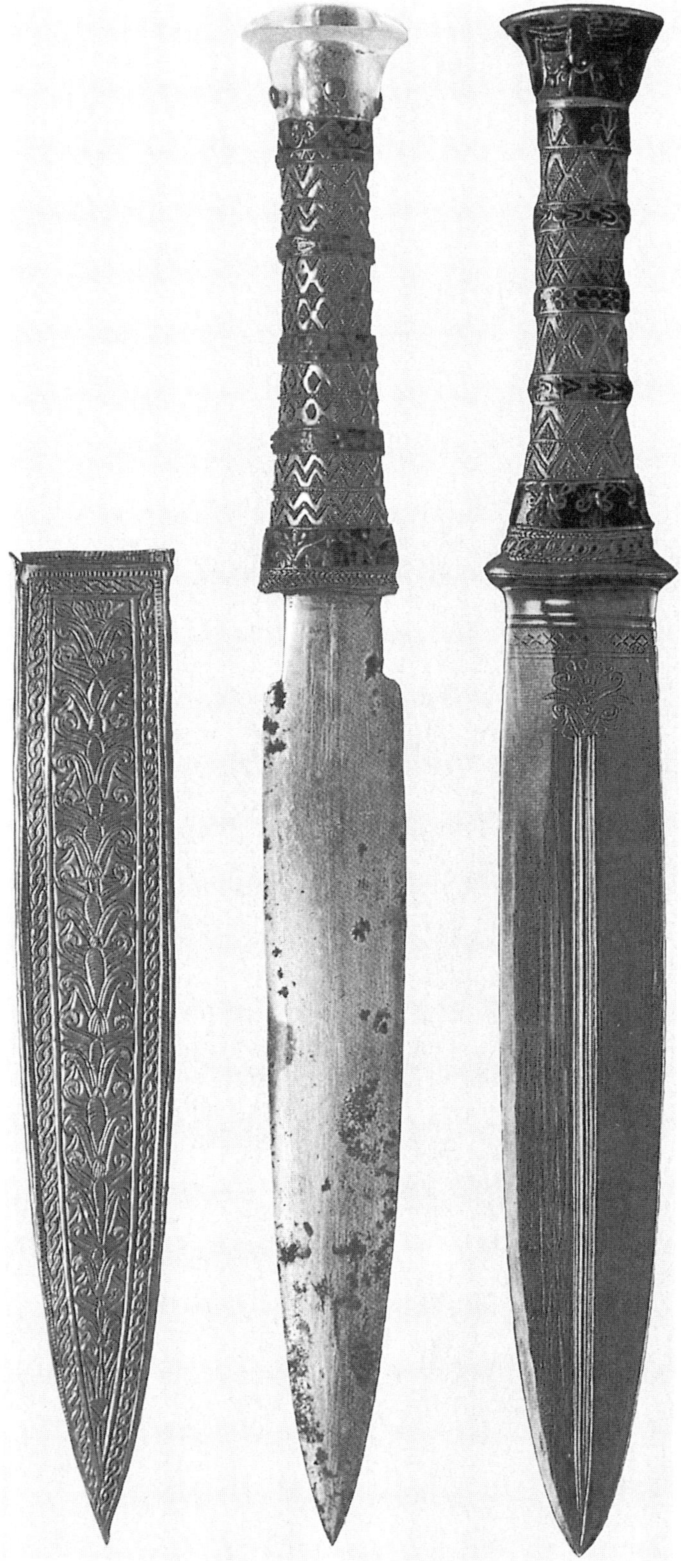

[4] *Zum Schutz vor den Dämonen des Jenseits wurden der königlichen Mumie des Tutanch Amun zwei Dolche beigegeben, einer mit gehärteter Goldklinge von großartiger Schlichtheit, der andere mit einer sehr gut erhaltenen Eisenklinge, ein äußerst seltenes Beispiel eines seinerzeits raren Metalls. Fein ziselierte Darstellungen auf der Scheide symbolisieren den Sieg des Guten über das Böse. Die Griffe beider Dolche wurden mit geometrischer Rauten- und Dreiecksgranulation in sorgfältigster Weise ausgeführt.* Kairo, Ägyptisches Museum, *JE 61584.*

[5] *Sophia Engastromenos, Schliemanns Frau mit dem Diadem aus dem sogenannten "Schatz des Priamos".*

eindrucksvoll mit Linien- und frühen Dreiecksgranulationen den hohen technischen Stand Trojas in der zweiten Siedlungsperiode.

Ab dem zweiten vorchristlichen Jahrtausend standen *ägyptische* Goldschmiede des *Mittleren Reiches* noch deutlich unter mesopotamischen Einfluß. Älteste Granulationsfunde entstammen den Prinzessinnengräbern von *Dahchour* [3]. Natürlich darf nicht unerwähnt bleiben, welche Schätze uns das *Neue Reich* bescherte, denken wir an den einziartigen Grabschatz des *Tutench-Amun.* Zierdolche, Ringe und Armreifen tragen dekorative Verzierungen in Linien-, Dreiecks- und Rautengranulationen aus Rotgold und *Electrum* (eine native Gold-Silberlegierung). Das Granulieren unterschiedlicher Goldlegierungen setzte eine für die damalige Zeit hohe metallurgische Kenntnis voraus!

Um 1600 v.C. finden sich auch in *Palästina* sumerische Einflüsse und in der Folge palästinensische in *Zypern.* Dort entstand ein beachtliches Werk mit über 4000 Granalien, ein Anhänger mit neunreihiger Dreiecksgranulation. Verfolgen wir aber den Zug dieser Schmuckkunst weiter nach Westen.

Ex oriente lux! Das galt knapp 2000 v.C. auch für *minoische* Goldschmiede. Sie nutzten die anspruchsvolle Ziertechnik der Granulation für ihre tradiierten naturalistischen Schmuckformen, wiederum mehr mesopotamisch als trojanisch inspiriert. Damit war der erste Schritt nach Europa getan.

Noch vier Jahrhunderte gingen dahin, bis auch das von Barbareneinfällen heimgesuchte *griechische* Festland die neue alte Technik aufnahm. Große Umwälzungsprozesse fanden ihren Ausdruck auf breiter Ebene. Die Granulationen *frühmykenischer* Zeit zeigten eher eine statisch-rationale Formen-

[6] Die Karte beschreibt die westliche Ausbreitung der Granulationstechnik über mehrere Zeitepochen. Von den Sumerern in Südmesopotamien ausgehend (schwarz), werden Troja, Ägypten, Kreta, Palästina, Zypern und schließlich Griechenland erreicht. In der Antike beginnt eine neue Ausbreitung dieser Technik in Syrien, Karthago durch phönizische Händler (graue Pfeilrichtung) und griechische (weißer Pfeil).

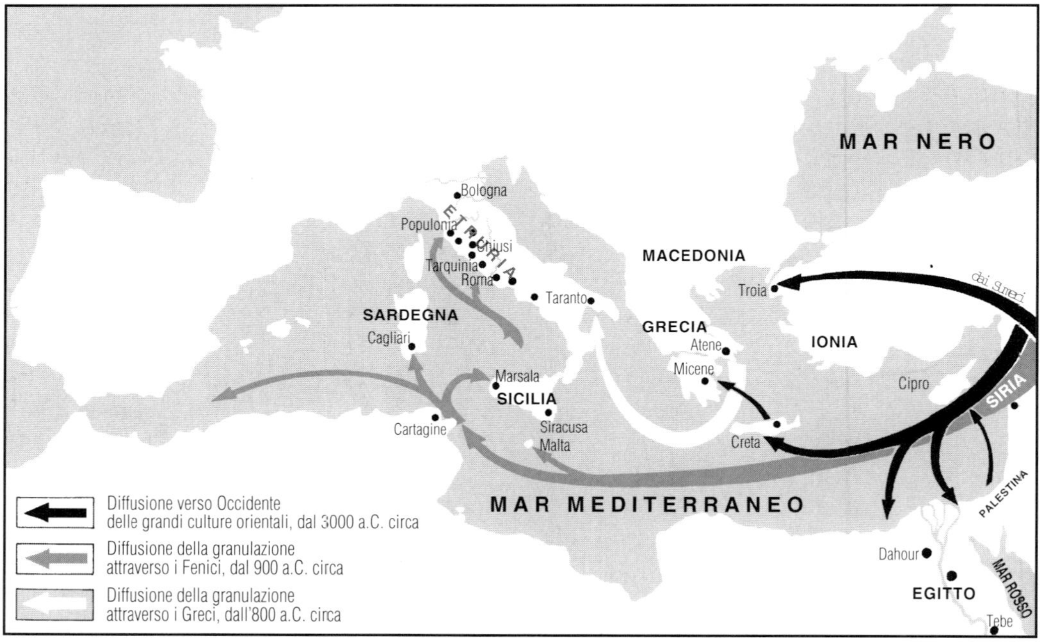

sprache. Mit dem Niedergang *Mykenes* im 12. Jahrhundert v.C. erlosch auch auf der Peloponnes diese Kunstform für über zweihundert Jahre. Im Zuge der Einwanderung dorischer Stämme erlebte Hellas seine Selbstfindung. Mit der griechischen Kolonisation im 8. vorchristlichen Jahrhundert schließlich, lebte auch die Granulationskunst wieder auf.

Während die Griechen ihre ersten westlichen Kolonien errichteten, pflegten *phönizische* Kaufleute unabhängig ihre traditionellen Handelsverbindungen weiter, und ließen sich wegen einer gerade einsetzenden assyrischen Bedrohung vereinzelt auch auf der Appeninhalbinsel nieder. Diese Tatsache könnte der Schlüssel dafür sein, daß die ersten Granulationsobjekte der Etrusker nicht etwa griechischem, sondern eher phönizischem Einfluß unterlagen.

So ist es also sehr wahrscheinlich, daß eingewanderte phönizische Goldschmiede "neue" Techniken wie die des Filigran und der Granulation nebst ihrer dekorativen Ikonografie in Etrurien einführten. Kennzeichnend hierfür ist eine Sanguisuga-Fibel von Tarquinia

(Abb. 21), eines der ältesten Beispiele etruskischer Granulationskunst [4]. Während die von *Villanova* abzuleitende Sanguisugaform typisch etruskisch ist, gehört das *Palmettenmotiv*, das sie verziert, ursprünglich in das phönizische Dekorationsrepertoir. Diese importierte Stilrichtung manifestierte sich nun im 8. Jahrhundert v.C. und kennzeichnete im folgenden 7. Jahrhundert die *Orientalisierende Phase.*

Die Einleitung der "Metallurgie" des Plinius d.Ä. beginnt mit der Feststellung: "*Die Metalle sind in sich selbst ein Reichtum und zugleich der Preis der Dinge*" (Nat.hist., XXXIII, 1,1).

Goldgegenstände beschränkten sich in der Villanova-Periode fast ausschließlich auf das Motiv der *Sonnenscheibe* in punziertem Blech. Andere Schmuckmaterialien waren vor allem Bronze und Bernstein.

Für etruskische Handwerker, die die Bronze-Feingußtechnik raffiniert beherrschten, sollte es ein Leichtes gewesen sein, sich die neue Technologie anzueignen. Im besonderen die Kunst der Granulation scheint sofort eine allgemeine Faszination ausgeübt zu haben, sowohl auf den fürstlichen Auftraggeber, wie den Handwerker selbst. Das beweisen uns die nun reich ausgestatteten Tomben adeliger Familien.

Auf Schmuck und Gerät findet sich anfänglich wiederum fast ausschließlich das *geometrische* Formenvokabular, zunächst noch mit einer limitierten Zahl von Granalien.

Die *spätorientalisierende Phase* aber präsentiert sich schon mit gereifteren Formen, und eine beachtliche Anzahl Granalien ziert nun die Schmuckobjekte mit Meanderbändern oder konturiert figurale Motive.

In immer reicherer Zahl werden die winzigen Granalien zu den eigentlichen Protagonisten der Schmuckwerke erhoben. Eine Sanguisuga-Fibel aus Tuscania im British Museum, datiert um 630 v.C., wurde mit fast 25.000 Granalien um 0,12 mm Ø in feinstem geometrischen Stil belötet.

In der zweiten Hälfte des 7. Jahrhunderts v.C. mit der Anwendung der *Silhouettentechnik* in Zentren wie Vetulonia oder Vulci zierte zahlreiche Objekte ein dichtes Ornat flächiger Streu- oder *Staubgranulation.*

Die kleinste Korngröße, die größte Motivpalette in raffinierter Ornamentik, kennzeichnen eine Zeit höchsten Anspruchs.

Im 6. Jahrhundert v.C., in der *Archaischen Phase*, verliert die Granulationskunst etwas von der zentralen Bedeutung des vergangenen Jahrhunderts. Nun gesellen sich zu raffiniertem Dekor Spiraldrähte in verspielter Anordnung oder auch florale Motive aus dünnstem Blech geformt. Eine pointilistisch matte Staubgranulation des

a
b
e
g
c
f
d
i

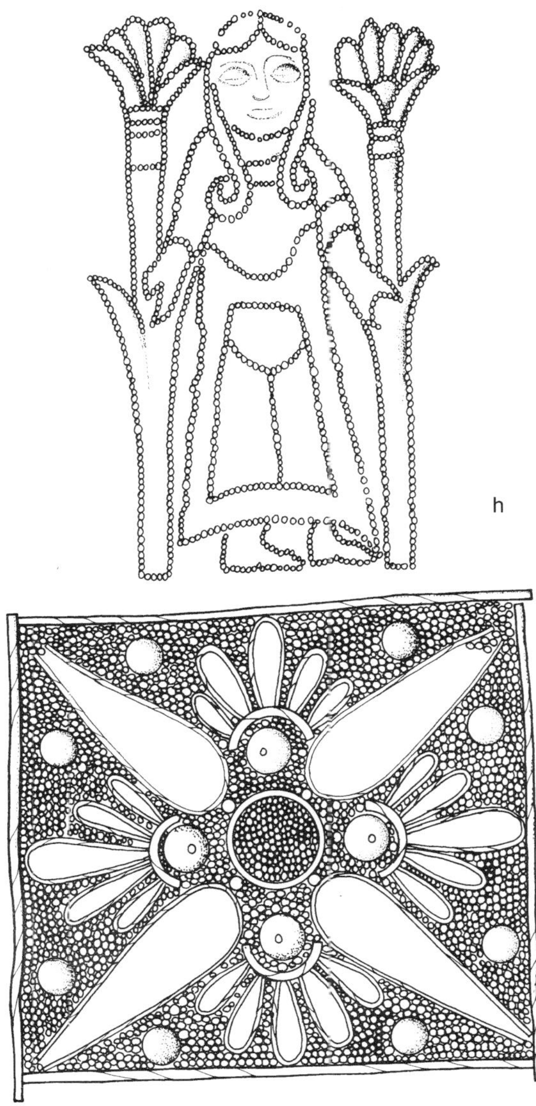

vertieften Grundes wird gegen glatt erhabene Partien abgesetzt.

In der sogenannten *Klassischen Periode*, dem 5. und 4. Jh. v.C., ist die Granulation nicht nur opulente Zier, sondern dient auch der Überbrückung von Nähten, Löchern, an Lötstellen als hilfreiches Medium, zum Beispiel bei *Körbchen-Ohrringen* [5] oder *Discus-Ohrringen* aus der zweiten Hälfte des vierten Jahrhunderts v.C.

Zuweilen setzt nun eine punzierte Körnung statt flächiger Streugranulation das geprägte Figurenmotiv vom tiefer liegenden Hintergrund ab [6].

Der Zenit einer verfeinerten Kunstform ist bereits überschritten, sie ist selbst zum Ausdruck allgegenwärtiger hellenistischer Mode geworden. Um den "Verlust der Mitte" zu überdecken, trat Eigenes in den Hintergrund und machte oft barocker Fülle Platz.

[7] *Granulationsarten:*
a) Liniengranulation in Einzel-und Doppelreihe oder linear an Draht angelegt; b) Flächige Dreiecksgranulation, ausgehend von der "Keimzelle" dreier Granalien; c) Flächen-(Streu)granulation auf Halbkugel, meist mit kordiertem Draht eingefaßt; d) geometrische Liniengranulation auf Kugel; e) geometrisches Muster; f) Meander; g,h) Betonung von Kontur und Details in Repoussé; i) figürlicher Stil als Silhouettentechnik; j) negative Flächengranulation unter Aussparung glatter Flächen.

[8] *Vohergehende Doppelseite: Ausschnitt eines Scheibenohrrings aus Cetona bei Chiusi mit feinster flächiger Staubgranulation auf gewölbter Fläche, 6. Jh. v. Chr., Berlin, Antikensammlung.*

[9] *Kammfibel aus Palästrina, um 650 v.C., mit konturierter Liniengranulation auf Repoussé.*

[10] *Ausschnitt,* Museo Villa Giulia, Rom.

Die Mystifizierung

Die neue Wertschätzung der Antike, beginnend mit der Renaissance, führte zu reichen Sammlungen, die später auch der Öffentlichkeit zugänglich wurden. Staunend stand man vor den mit feinstem Granulat belegten Schmuckwerken etruskischer Goldschmiede. Es schien unvorstellbar, wie die Handwerker der Antike mit ihren "einfachen" Mitteln zu solcher Perfektion fähig waren!

Die Ansicht, 'was die Alten damals konnten, dessen sind wir heute nicht mehr fähig', belegte Gemeinplätze und galt im Besonderen der Granulationskunst der Etrusker. Auch zahlreiche Epigonen des 19. Jahrhunderts mußten erkennen, daß sie mit ihrer modernen Technik unentwegt an Grenzen stießen und in keinem Fall unter Einbeziehung historischer Bedingungen zum Ziel gelangen konnten.

Ein Goldlot galt es zu finden, das zehntelmillimeterkleine Kugeln punktgelötet auf dem Rezipienten befestigt, ohne erkennbare Spuren zu hinterlassen, das im Idealfall die winzigen Leerräume zwischen den Nachbar-Granalien *nicht* ausfüllt, sondern die Kugel freistehend erscheinen läßt. Auch in tausend Jahren sollte es nicht korrodieren und die Teile homogen miteinander verbinden, ohne daß eine mehrfache Erhitzung des Schmuckstücks die ersten Lötungen wieder löste, sondern im Gegenteil, sie durch Diffusion noch fester wurden!

Ein abenteuerliches Unterfangen für den "forschenden" Goldschmied Allessandro Castellani aus Rom. Erinnern wir uns, wie er über das Rätsel der antiken Technik referierte: "*[...] verlorengegangen, wie so viele Geheimnisse der Zivilisation, die die Mutter der unsrigen war [...]*"!

Wie war es nur möglich, daß ein so altes Verfahren, nachweislich über 4300 Jahre im Gebrauch, so spurlos verschwand, ja völlig der Vergessenheit anheim fiel?

Die Antwort ist allzu banal. Die Bedingungen hatten sich verändert. Die *Holzkohle* als Energiequelle zum Löten wich ab dem 19. Jahrhundert dem Öl, dem Gas und schließlich der Elektrizität.

Neue Hitzequellen lieferten nun mehr Energie, die zudem wesentlich leichter zu handhaben war.

Dabei wurde ein altes, eben das antike Verfahren, ganz nebenbei mit "in die Ecke gestellt", nämlich das *Reaktionslöten*, auf einem chemischen Lot basierend, das sich die *reduzierende Wirkung* der Holzkohle zunutze macht.

Eine Aura des Geheimnisvollen umgab die Granulationstechnik noch bis weit ins 20. Jahrhundert hinein. Allzulange hatten sich Kunsthistoriker und Archäologen zuvorderst ikonographischen Aspekten gewidmet, ohne sich gleichermaßen mit der Technologie der An-

[11] [12] [13] *Das Röntgenbild des Scheibenohrrings aus Cetona/Chiusi stellt die für Röntgenstrahlen undurchlässigeren Partien heller dar. Unten: Details im Elektronenmikroskop: Die Granalien haben eine untere Größe von 0,1 mm. Der Draht rechts unten wurde mit einem messerartigen Instrument geteilt.*

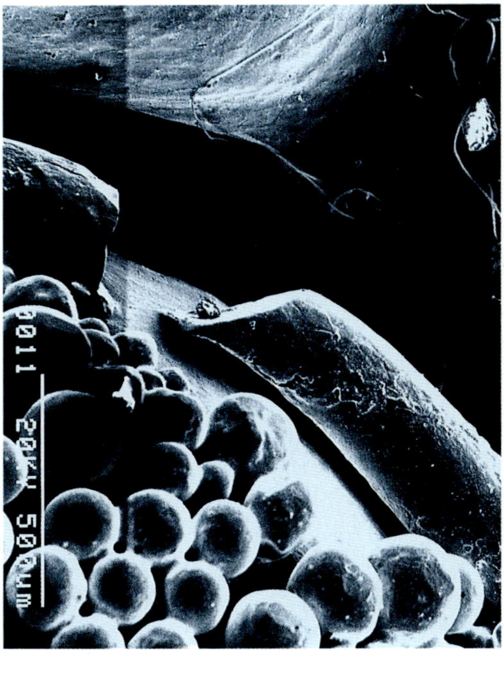

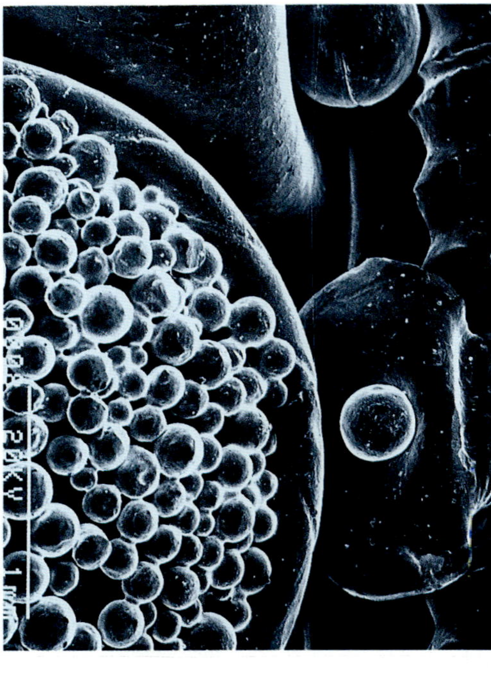

[14] *Kapselhülse mit vollplastischen*
und halbplastisch getriebenen Figurenmotiven,
Liniengranulation moduliert
Details oder folgt den vertieften Konturen,
(7. Jh. v.C.,
Antikensammlung Berlin*).*

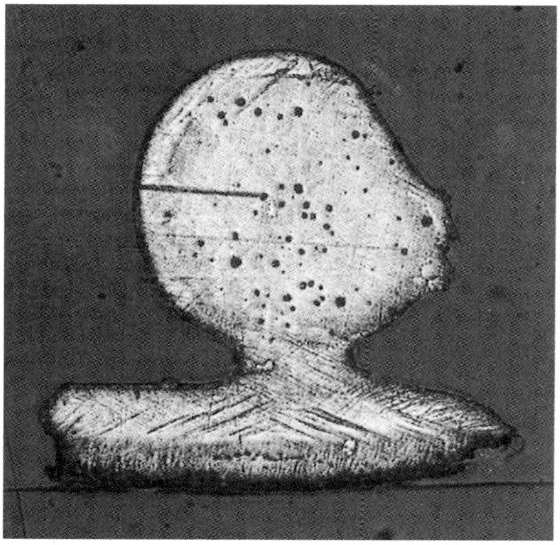

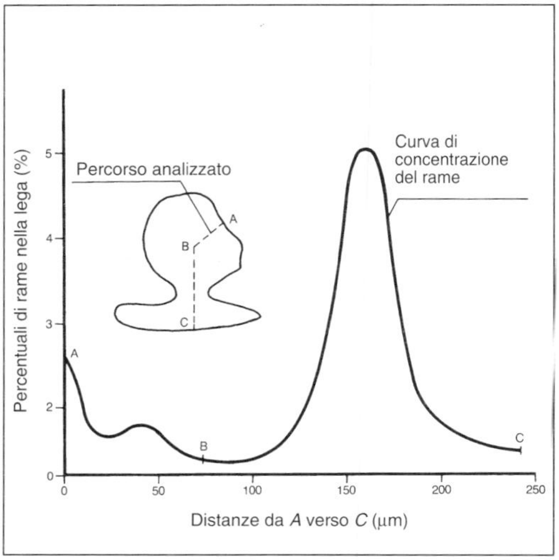

[15] [16] *Schnittbild durch die Granalie einer echten Etruskischen Fibel aus Marsiliana d'Albegna aus dem 7. Jh. v. Ch. Links ist der ungeätzte metallografische Schliff der auf dem Rezipienten sitzenden Granalie dargestellt. Die Legierung bestand etwa aus 68% Gold, 30,7% Silber und 1,3% Kupfer. Das Diagramm rechts macht nun deutlich, wie auf der (gestrichelten) Schnittlinie der Anteil des Kupfers verteilt ist. Auffällig ist, daß genau an der Kontaktstelle zum Rezipienten die Kurve einen fast fünffachen Wert anzeigt. Das ist nur mit der Verwendung eines chemischen Lotes, eines Reaktionslots zu erklären.*

tiken auseinanderzusetzen, eine Lücke, die professionelle Fälscher sich nutzbar zu machen wußten.

Nicht zuletzt diesem Druck begegnend, wurde schließlich mit den achziger Jahren das naturwissenschaftliche Instrumentarium auch auf die antike Goldschmiedekunst angewandt.

Neben dem Mikroskop helfen nun weitere optische Mittel wie Röntgen, Infrarot, Massenspektrometer oder Mikrosonden in unerforschte Winkel einzudringen, mehr zu erfahren über *antike Arbeitsweise* und Werkzeugtechnik. Diese Kenntnis wiederum gibt uns sichere Argumente in die Hand, zahlreiche Fälschungen, die sich stilistisch nicht selbst als solche entlarven, aufzudecken [7].

Seit der erstmaligen Wiederanwendung der "geheimen" Löttechnik der Antiken in den zwanziger Jahren durch Goldschmiede wie *Wilms*, *Trescow* oder *Littledale* vergingen nocheinmal sechzig Jahre bis endlich der wissenschaftliche Beweis für die antike Technik des Reaktionslötens 1982 erbracht wurde durch *Parrini*, *Formigli* und *Mello* [8].

Diese Bestätigung, ermöglicht durch eine metallografische Schliffprobe an einem etruskischen Original, stellte die Diskussionen auf neuen Boden. Es konnte belegt werden, das der Kupferanteil an der Verbindungstelle zwischen Granalie und Rezipient deutlich höher war, als im Grundmetall [9].

Noch immer stellen sich zahlreiche Fragen, aber ein Geheimnis im eigentlichen Sinne hat es niemals gegeben, da zahlreiche antike Quellen ausführlich Auskunft geben konnten, wenn sie nicht ignoriert worden wären, um statt dessen Mystifikation zu betreiben.

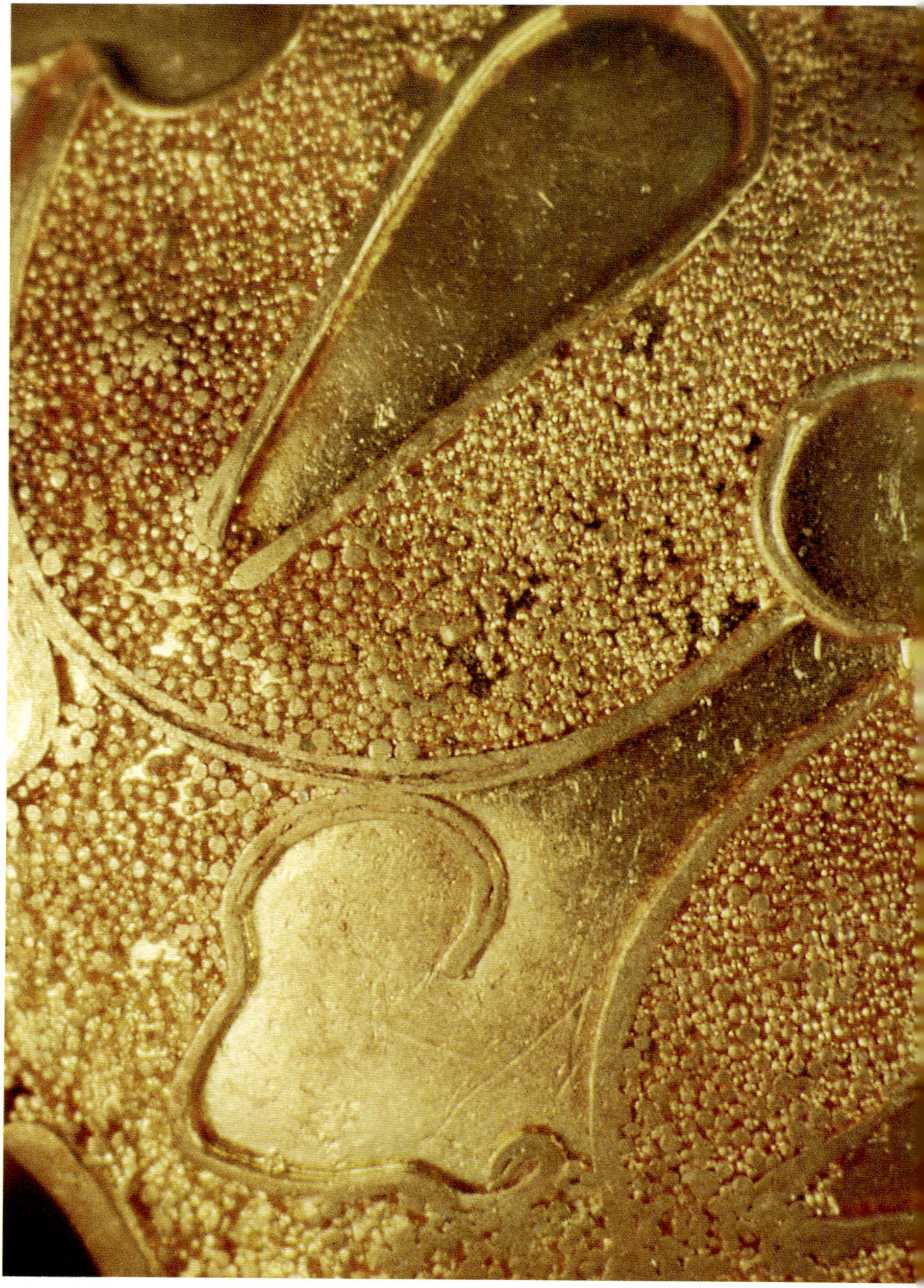

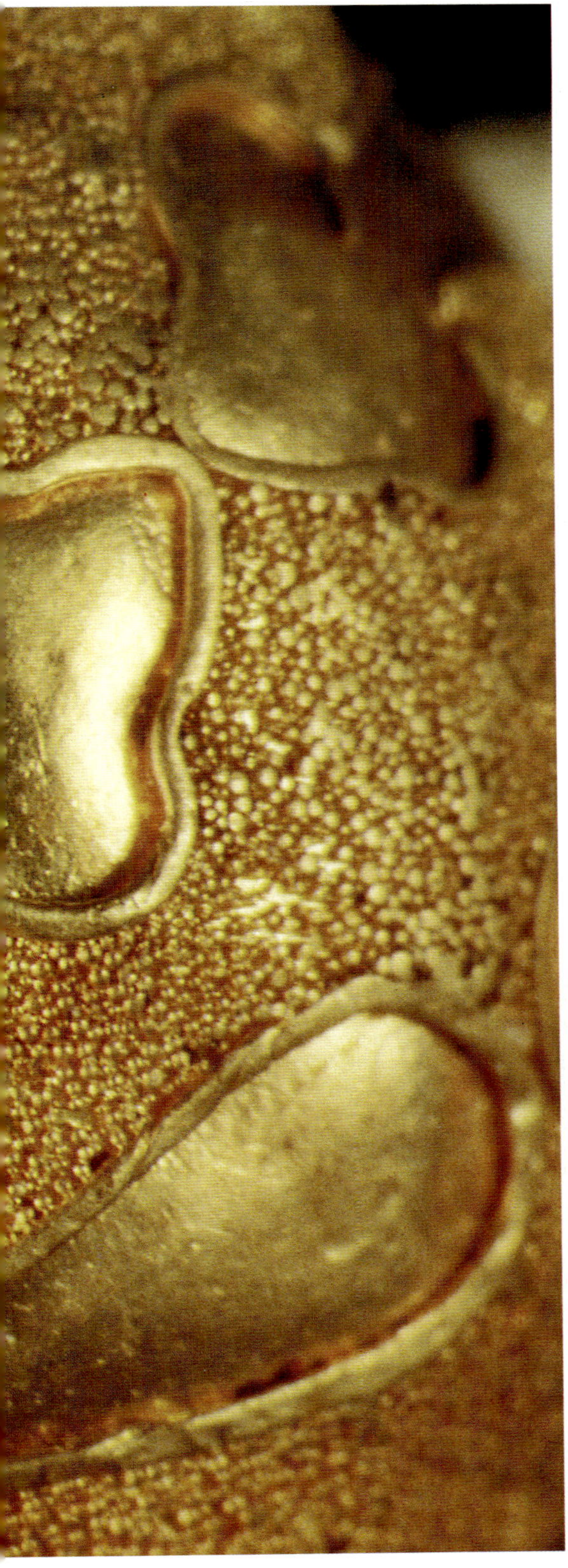

[17] [18] *Der Ausschnitt einer etruskischen goldenen Halskette mit Gliedern aus Hohlkugeln zeigt feinste flächige Streugranulation, die die floralen Motive reizvoll vom glatten Goldgrund abhebt. In natürlicher Größe wären die von kordiertem Draht eingefaßten Granalien fast nicht zu erkennen, das Auge nimmt nur eine samtene mattierte Zeichnung wahr, weshalb man hier von Staubgranulation spricht. (6. Jh. v.C.,* Antikensammlung Berlin*).*

[19] *Kein anderes Volk hat die Granulation so virtuos beherrscht wie das etruskische. Das soll noch einmal am Beispiel dieses Scheibenohrrings deutlich werden, der weiter vorn in 10-, 40- und 80facher Ausschnittvergrößerung präsentiert wurde. Das Original in Berlin hat einen Durchmesser von 4,6 cm. Hierfür wurden Drähte hergestellt mit einem Durchmesser von ca. 0,15 mm, und einzelne Granalien haben gar die unglaubliche Größe von 0,07 mm und sind dennoch perfekt punktgelötet!*

Die Chrysocolla

Malachit oder Crysocoll, ein Edelstein von mäßiger Qualität, unauffällig, jedem Goldschmied und Mineralogen vertraut, als ein ungleichmäßig smaragdgrün gefärbtes Mineral mit gelegentlich blauen Partien. Manchen ist er auch unter dem Namen Elatstein bekannt, da er in reichem Maß in Salomos Minen bei Eilath abgebaut wurde, als Kupfererz. Chemisch:

$$Cu_2(OH)_2CO_3,$$

ein basisches Kupfercarbonat [10].

Der Name ist aus dem Griechischen abgeleitet von *Chrysos* (Gold) und *Colla* (Leim).

Goldleim? Ja, hatte denn niemand versucht sich den Namen dieses Minerals einmal zu erklären und einen Sinn daraus abzuleiten?

Gehen wir nocheinmal 5000 Jahre zurück. Malachit war schon den *Sumerern* als Arbeitsmaterial, Farbstoff und Make-up gut vertraut, das bestätigen nicht nur Grabbeigaben der Königin *Pu-abi* in *Ur* oder seine Erwähnung im Gilgameschepos, sondern ganze Tempelfassaden wurden mit der sogenannten *Ägyptisch-Blau-Faence* verschönt. Diese erhielt man, indem Ziegel mit einer Mischung aus Quarz, *Malachitpulver* und *Soda* bestrichen, gebrannt wurden. Vom *Nanna*tempel zu Ur verbreitete sich die neue luxuriöse Mode über ganz Mesopotamien.

Bei der Stoffkombination *Malachit-Soda* geht heute jedem, der die Materie kennt, ein Licht auf. Es sind genau die Ausgangsstoffe, die wir suchen!

Das modische Blau könnte einen Goldschmied aus Ur animiert haben, den Versuch zu wagen, das gelbe Metall umzufärben.

Seit langem schon hatte man farbige "Edelsteine" aus Steatit erzeugt, durch einen Überzug aus Glasfluß. Glas wurde in der Antike den Metallen zugeordnet, da es sich formen ließ, glühend schmolz und wieder erstarrte (noch heute bezeichnet *metal* in der englischen Fachsprache die Glasschmelze) [11].

Vielleicht hat jemand einige Körn-

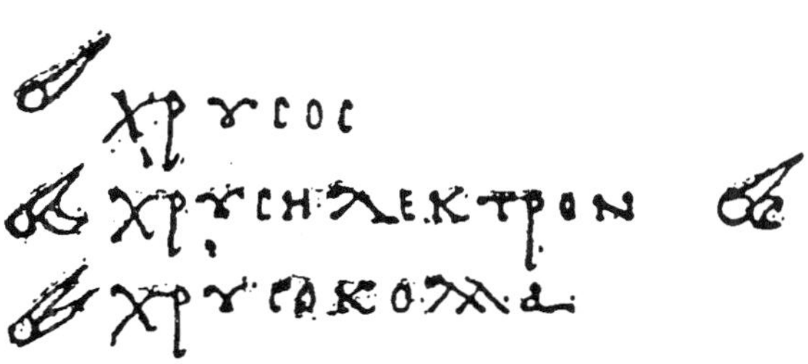

[20] *Das Geheimnis etruskischer Lötkunst hatte immer einen Namen. Der Codex Marcianus führt ihn uns in genauer Ableitung in noch heute gültiger Symbolik vor. Der Kreis der Sonne mit einem Strahl, dahinter das Χρυσός = Gold. In Verbindung mit dem Mond wird Electrum das silberhaltige Gold gekennzeichnet und dann das, was die edlen Metalle zusammenhält, ein Kreis mit einem zweiten Strahl: χρυσοκολλα., Gold-Kleber! Der Name war nie ein Geheimnis.*

[21] *Sanguisuga-Fibel aus Tarquinia mit früher grober Dreieckgranulation. Der lateinische Name für diesen Fibeltyp kennzeichnet die Form des Blutegels* (Antiquarium Tarquinia, *8. Jh. v.C.*)

[22] *Goldene Kotyle aus Palästrina (1. Hälfte 7. Jh. v.C.) mit Verzierungen auf jedem Henkel in Form einer kleinen Sphinx (siehe Vergrößerung rechte Seite). Das vollplastisch getriebene Figürchen ist mit konturierender Liniengranulation verziert* (Villa Giulia, Rom).

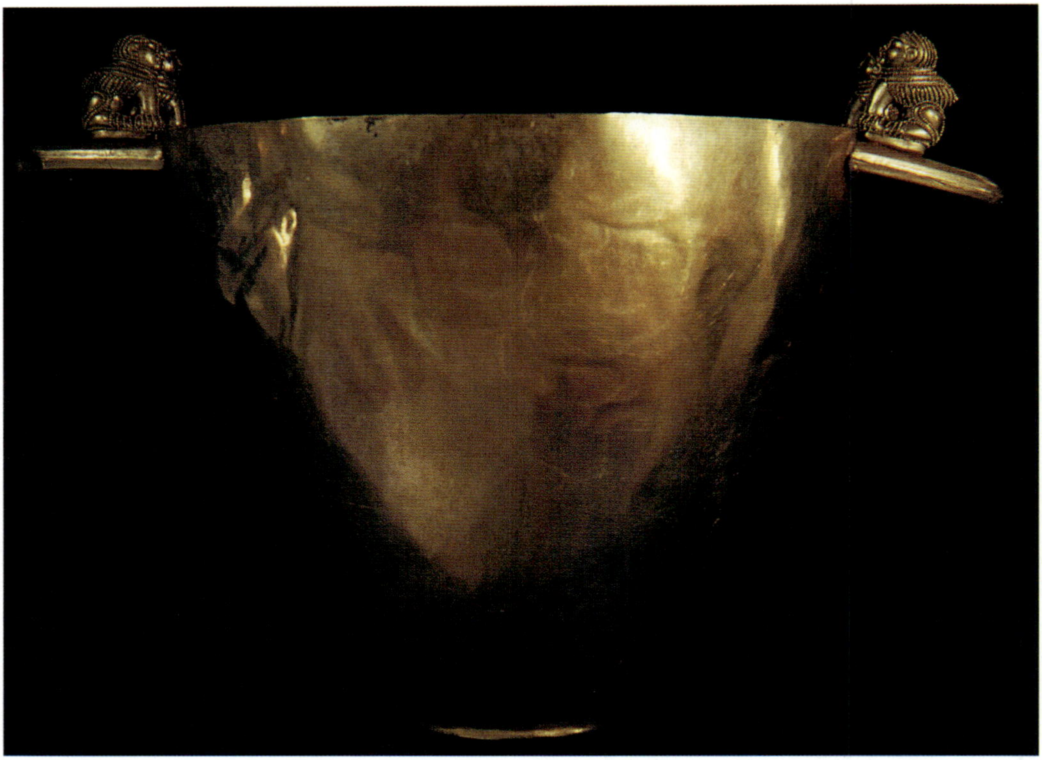

[23] *Zylinder einer Kammfibel aus Marsigliana d'Albegna mit Meander und Zickzack-Reihung in sehr feiner geometrischer Granulierung. (Erste Hälfte des 7. Jh. v.C.,* Museo Archeologico Florenz*).*

[24] *Goldene Kotyle aus Palästrina: Detail*

[25] *Votiv-Armband in figürlicher Preßblechtechnik und Liniengranulation, geometrischen doppelreihigem Dekor und Auflötungen aus profiliertem und gedrehtem Draht (um 650 v.C.,* Vatikan, Museo Gregoriano Etrusco*).*

chen Flußgold mit einem dünnen Belag wäßriger Malachitlösung bestrichen, diese auf einem kleinen Keramiktiegel ins Kohlenfeuer gestellt und bis zur Glut erhitzt. Seine Entäuschung wird so groß gewesen sein wie sein Erstaunen, denn nun "klebten" alle Goldkörnchen wie unsichtbar miteinander verbunden, aneinander.

Dies wäre hypothetisch die Erfindung des *Reaktionslötens* gewesen. So wurde das Geheimnis, das nun die Welt eroberte, im wahrscheinlich ältesten Namen für einen Edelstein versiegelt: *Chrysocolla*!

Bei Studien der antiken Technologie der Malerei in Rom 1910-1913 vermutete der Kunsthistoriker Dr. H.J. Wagner gleich, daß die alte griechische Bezeichnung Chrysocolla einen technischen Hintergrund haben müsse. Bei Plinius dem Älteren wurde er fündig, und weitere antike Quellen lieferten zusätzlich reichliche Bestätigung [12]. Wir wollen uns hier auf wenige beschränken.

"*Was nun die Steine betrifft, die vielen als 'Lakonische Smaragde' bekannt sind, so befindet sich der größte in Tyros, wo ein großer Block im Tempel des Herakles steht, vorausgesetzt, dies ist nicht in Wahrheit ein falscher Smaragd, der auch in einer Art vorkommt [...] nur wenige erreichen die Größe eines Siegels. Die meisten sind kleiner und werden deshalb zum Löten des Goldes verwendet, das der falsche Smaragd ebenso gut lötet, wie die Chrysocolla.*" (THEOPHRAST, De lapidibus, 315-305 v.C.):

Plinius d.Ä., (Naturalis historiae, vor 77 n.C.) beschreibt Herstellungsverfahren von *Grünspan*, der wie zahlreiche andere Kupferverbindungen inzwischen den gleichen Platz eingenommen hat und deshalb ebenso *Chrysocolla* genannt wird.

Kupferblech wurde in Essigfässern aufgehängt und der sich bildende Niederschlag abgeschabt. Sollte das Präparat nicht recht gelingen, so setzte man nach Plinius "*auf zwei Teile Essig einen Teil Harn von einem unmündigen Knaben hinzu.*" Plinius: "*Auch die Goldarbeiter bedienen sich der Chrysocolla und zwar zum Löten des Goldes und dieses Gebrauches wegen, haben sie ihr jenen Namen gegeben. Man bereitet dieselbe durch Behandlung von cyprischem Grünspan mit Knabenurin und Nitrum* (Rohsoda). *Hiermit lötet man das sogenannte silberreiche Gold* (Elektrum)" [13].

Im Mittelalter beginnt sich schon das Geheimnis wie Nebelschwaden über vordem klare Aussagen zu legen. Philosophenschulen debattieren über die Stoffumwandlung: (Turba Philosophorum, Über die Natur der Chrysocolla, 9.-10. Jh.), "*[...] Sagte Bacsem: Du hast wohl geredet, Diamedes, aber ich sehe nicht, wie du den Nachfahren das Verhalten der Chrysocolla dargelegt hast. Die Neider nämlich haben über die Chrysocolla vielfältig geredet und sie mit jederart Namen verdunkelt [...] Ich gebe also den späteren Erforschern dieser Kunst bekannt, daß die Chrysocolla zusammengesetzt ist und daß sie siebenmal geröstet werden muß und daß sie zur Vollendung gelangt, jeden Körper färbt [...] Nehmet die königliche Chrysocolla, die dem Rost des Kupfers ähnlich ist und verreibet sie mit dem Harn eines Kalbes* (Tarnname für Quecksilber), *bis die Natur der Chrysocolla verwandelt wird, denn die Natur der Chrysocolla ist im Innern verborgen!* [14]

[26] *Figürliches Stempelmuster im phönizisch punischen Stil auf granuliertem Goldgrund, Ortband des Alisedoschatzes, Detail (6. Jh. v.C.,* Museo Arquelogico Nacional, Madrid*).*

Das Reaktionslöten

Sämtlichen modernen Lötverfahren mit Hartlot in Form von Draht, dünnstem Blech und fein dosierbarem Pastenlot ist ein Nachteil gemeinsam, die Lotmenge läßt sich unter wirtschaftlichen Bedingungen nicht beliebig verringern.

Ganz anders das älteste metallische Bindungsverfahren der Welt und das unbekannteste zugleich: das *Reaktionslöten.*

Es vereinigt auf sich alle Vorteile, die für die komplizierte Technik der Granulation nützlich sind. Letztlich ist es aber auch nur eine spezielle Variante des Hartlötens mit eben dem Vorzug der *minimalsten* Dosierbarkeit.

Die ist nur mit einem *chemischen* Lot, mit Kupferverbindungen zu erreichen, aufgelöst in Wasser, verdünnbar bis an die untere Wirkgrenze. Die Kupferverbindung, zum Beispiel Kupfer(II)-sulfat (Cu_2SO_4), wird etwa 1:1 mit *Gelatine* in etwas Wasser gelöst und sparsam auf den Rezipienten (das Grundmetall) aufgetragen. Die Granalien werden damit festgeklebt und überschüssige Lösung mit Hilfe eines Saugpapiers oder Pinsels abgesaugt.

Nach dem Trocknen wird das Werkstück ins Feuer genommen. Unsere Beschreibungen beziehen sich in der Regel auf die reduzierende *Holzkohlenglut.* Aber man kommt natürlich auch mit dem reduzierenden Bereich eines Gasbrenners zu vergleichbaren Ergebnissen.

[27] *Azurit* $2(CuCO_3 \cdot Cu(OH)_2$

Malachit $CuCO_3 \cdot Cu(OH)_2$

Rotes Kupfer(I)oxid Cu_2O

Kupfersulfat $CuSO_4$

Zu Anfang beobachten wir eine *Schwarzfärbung* zwischen den Granalien. Schon bei 100°C beginnt eine Umwandlung in schwarzes Kupfer(II)-oxid. Mit der weiteren Erhitzung bei etwa 600°C verkohlt der organische Anteil der Gelatine. Mit Erreichen einer Temperatur von 850°C endlich, reduziert sich das Kupfer aus dem Oxid zu seinem metallischen Zustand unter Abgabe von Sauerstoff, der vom Kohlenstoff aufgenommen wird.

Dem geschulten Auge zeigt sich in diesem Moment ein leichtes *Spiegeln* auf der Oberfläche, an den Lötstellen. Ein kurzer Augenblick hoher Konzentration entscheidet über den Zeitpunkt des Löschens in der Glut, bezw. des Wegnehmens der Flamme.

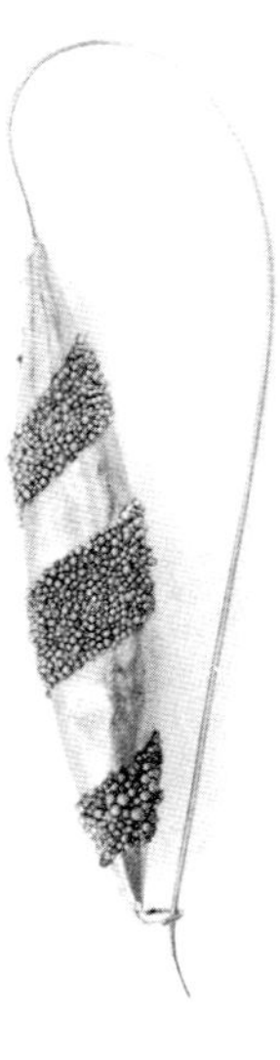

[28] *Moderner Ohrhänger mit spiraliger Streugranulation auf 900er Goldbleich (0,12 mm) mit Stahlbügel* (G. Nestler).

[29] *Rechte Seite: Goldscheibe mit konzentrischer Wellung, in Flächen- und Liniengranulation, Durchmesser 5 cm, von Mechthild Baumann* (Köln 1979, Privatbesitz).

Unter Ausnutzung des *Minimums* im System Gold-Kupfer [15] diffundieren ab 889°C die Kupferatome in die Oberfläche des Rezipienten und der Granalien am Auflagepunkt. Dort also entsteht eine dünne, etwas höher mit Kupfer angereicherte *Legierungszone.* Bei nochmaliger Erwärmung würde der Diffusionsprozeß fortschreiten und sich die Verbindung weiter festigen, statt wie zuweilen beim Hartlöten, sich wieder zu lösen.

Dieser Vorteil des Minimums ermöglicht wiederum Reparaturen, Nachbesserungen oder auch schrittweises Vorgehen im Arbeitsprozeß.

So wäre es nur logisch, davon auszugehen, daß etwa zylindrische etruskische Fibeln manchmal zunächst im *flachen* aufgewickelten Zustand montiert und gelötet wurden, um erst im folgenden Arbeitsgang den Zylinder zu formen, der nun weiter mit Draht, Blech- und Granalien-Ornament vervollständigt, das zweite mal ins Feuer genommen wurde.

Eine kritische Untergrenze bei der Blechstärke des Rezipienten gilt es dennoch im Auge zu behalten. Versuche mit *0,1 mm* Blechdicke, wie es die Etrusker manchmal verwandten, zeigten gelegentlich kleine Löcher in unmittelbarer Nähe der Granalien, dort also, wo die Diffussionszone, besonders nach wie-

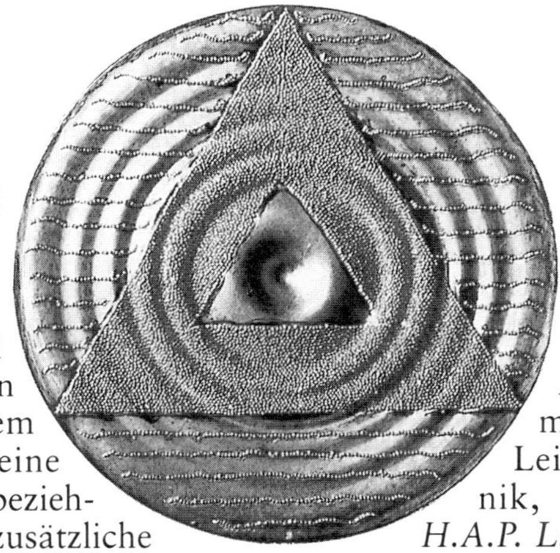

derholter Erhitzung der Metallstärke entsprach. (Siehe auch Kapitel: *Das Löten mit Holzkohle*). Bei etruskischen Objekten finden sich in solchem Fall nicht selten kleine "Flicken" aufgelötet, beziehungsweise es wurden zusätzliche Granalien aufgebracht. Deshalb also sollte für minimale Blechstärken auch nur ein Minimum an chemischen Lot verwendet werden, um die *Diffusionszone* von vornherein so dünn wie möglich zu halten.

Das 20. Jahrhundert

Die 20er Jahre waren es, die in Deutschland und England die Granulationstechnik der Antike wiedererweckten. *Marc Rosenberg* publizierte 1918 eine wissenschaftlich nicht haltbare These von Dr. Stanger. Derzufolge ermöglicht eine Anreicherung mit Goldcarbid die Senkung des Schmelzpunktes an der Oberfläche der Granalien, was unsinnig ist [16]. Die wichtigsten Protagonisten jener Jahre waren Goldschmiede wie *Hans Jochen Wilms (sen.)* in München der ab 1920 das chemische Lot anwendete, bald darauf folgte die Essenerin *Elisabeth Treskow*, die sich längst einen festen Platz in der modernen Geschichte dieser Goldschmiedekunst erobert hat. Beide beteiligten sich mit ihren Werken 1936 an einer Londoner Ausstellung, zusammen mit den britischen Leitfiguren dieser Technik, *W.T. Blackband* und *H.A.P. Littledale*. Letzterer hat 1934 das Reaktionslotverfahren in England patentieren lassen und mit seiner Arbeit, Vorträgen und Schriften einen wesentlichen Beitrag zu dessen Verbreitung geleistet [17].

Blackband hat ähnlich wie die Castellanis mit unerschütterlicher Energie aufs falsche Pferd gesetzt, unter Anwendung verfeinerter moderner Löttechniken und mit vergleichbaren Lösungen.

Aber er war einer der wenigen, die sich mühten, unter Beschränkung auf historische Gegebenheiten dem Ziel näher zu kommen – ein ewig Suchender.

Heutzutage arbeiten praktisch alle Goldschmiede, die granulieren, mit eben den Arbeitsmitteln, die den Erfolg der Arbeit möglichst risikoarm gestalten. Das beginnt bei der reinsten Metallegierung, der Lötrohrflamme, die die Beobachtung aus nächster Nähe erlaubt und endet beim präzise einstellbaren elektrischen Muffelofen, der ein Schmelzen des Werkstücks ausschließt.

Die Technik

Trotz einer großen Zahl von Veröffentlichungen in technischen-, archäologischen - und Kunstzeitschriften sind noch immer zahlreiche Fragen zur historischen Technologie der Granulation offen.

Die Archäologen ordnen, restaurieren und verwahren, und selbst, die sie kreierten, die Goldschmiede, diskutieren, raten, und experimentieren.

Alsbald entpuppte sich die Granulationstechnik als ein komplexes Bündel von Verfahren mit variablen Möglichkeiten. Neue Erkenntnisse werden nur von einer kargen Zahl wiederum deutbarer antiker Quellen gestützt.

Das 20. Jahrhundert belebte das historische Lötverfahren wieder, unter gleichzeitiger Verwendung weiterer Techniken wie dem Schweißen, dem Sintern, mit denen ähnlich gute Ergebnisse zu erzielen sind.

Durch moderne archeometrische Untersuchungen an etruskischen Originalen und die Methoden der experimentellen Archäologie wird uns mancher Blick hinter die Kulisse ermöglicht.

[30] ***Als ideales "Gefäß" für Granalien könnten sich in der Antike kleine Muschelschalen bewährt haben. Durch leichtes seitliches Überstreifen über die Kugelmenge ordnen sich die Granalien wie von selbst nach Größe in Längsreihen, so daß sie sehr leicht mit dem feinen Pinsel aufgenommen werden können.***

[30] *È possibile che gli antichi abbiano usato come recipienti per i grani delle piccole conchiglie. Strusciando leggermente con un dito le sferette trasversalmente alle scanalature della conchiglia, i grani si distribuiscono da soli in file secondo la loro grandezza, così da poter essere presi facilmente con un pennello bagnato.*

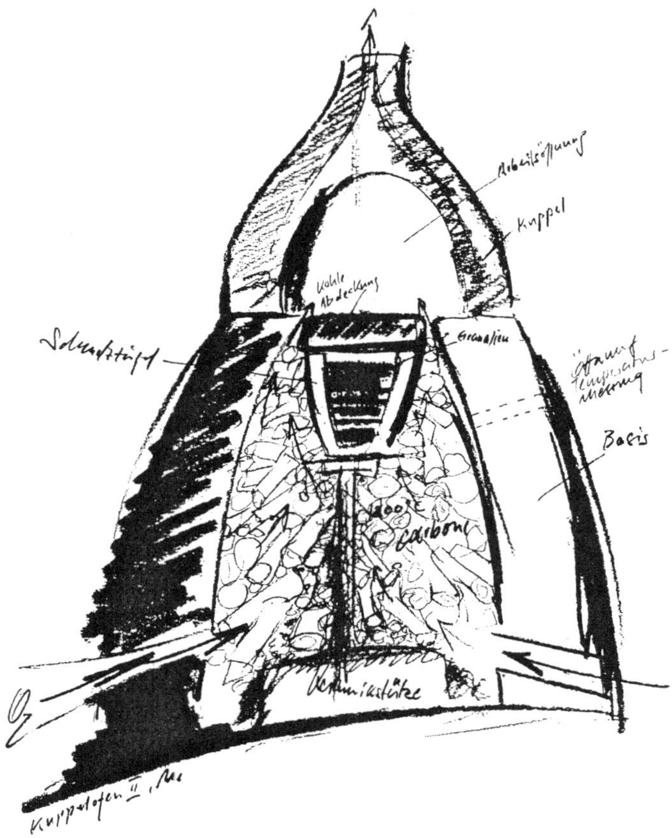
Arbeitsöffnung
Kuppel
Kohle Abdeckung
Basis

Die Herstellung der Granalien

Der senesische Goldschmied Vannuccio *Biringuccio* übermittelt uns in seiner Pyrotechnia aus dem Jahr 1540 eine erste Beschreibung zur Herstellung von Granalien: "*Das geschmolzene Metall gießt ihr in einen Holzbottich oder in eine irdene Wanne mit klarem frischem Wasser unter Umrühren des Wassers mit einem (Reiser)-Besen oder einem gespaltenen Holz langsam und in dünnem Strahl hinein, während sich das Wasser in Bewegung befindet*" [19].

Im Bottich sammelte sich jede Korngröße, aber nur eine relativ geringe Zahl perfekter winziger Kügelchen, wie sie für eine feine Granulationsarbeit benötigt wurde. Wir können uns vorstellen, daß auch in der Antike auf solche Weise zumindest gröberes Granulat zur Herstellung von Metallegierungen gewonnen wurde. Erlaubte sie doch eine genaue Dosierung der verschiedenen Metallkomponenten und eine sehr gute Durchmischung bereits vor Beginn des Schmelzprozesses, Granalienproduktion, gewissermaßen als Nebenprodukt.

In einigen spätetruskischen provinziellen Arbeiten nördlich des Appenin kann man solche unregelmäßig geformten Körner beobachten, bei denen es sich allerdings auch um natives Flußgold handeln könnte.

[31] Skizze eines Ofenmodells, in dem mit Holzkohle je nach Sauerstoffzufuhr Temperaturen von ca 1200"C erreicht wurden.
Im Schnitt ist die Position des Schmelztiegels für die Granalien dargestellt.

Benvenuto Cellini, berühmtester aller Goldschmiedemeister, beschreibt uns 1568 in seinen wundervollen *Trattati* ein ähnliches Verfahren wie das Biringuccios: "*Sieh zu, daß du auch die sogenannten Granalien erzeugest. Sie zu bereiten, verfahre mit Silber oder Gold folgendermaßen: Wenn das Metall gut geschmolzen ist, gieße es in ein mit Holzkohlepulver gefülltes Gefäß; so erhältst du jede beliebige Körnung [...]*". Meister Cellini arbeitet gerade an einem Filigranwerk und beschreibt uns weiter, was er mit seinen Granalien vorhat: "*Sind alle deine Drähte nach deiner Absicht gebogen, so lege sie auf das Werkblech, nimm deinen Pinsel, tauche ihn in das Tragantwasser (*Klebstoff*) und befeuchte sie damit. Auf diese Weise ordnest du nach und nach deine Drähte und die großen und kleinen Kügelchen je nach Bedarf zu Blättern oder anderen Teilen zusammen.*" [20]

Jeder Goldschmied weiß es: Kleine Goldpartikeln schnurren in ausreichender Hitze zur Kugelform zusammen.

Bei Erzeugung *einzelner* Granalien in perfekter Form und gewünschter Grösse bedient er sich einer flachen *Lötkohle*, auf der er die Goldpartikeln mit dem Brenner oder dem *Lötrohr* zu Kugeln schmilzt. Hält man die Kohle-

[32] *Ausgangsprodukte für die Granalien sind winzige Blech- und Drahtschnipsel. Diese können einzeln oder in größerer Zahl zu Kugeln umgeschmolzen werden. Die Möglichkeit mit Lötrohr und konzentrierter Hitze zu arbeiten, beherrschte man in der Antike wohl noch nicht. Die große Zahl Granalien, die benötigt wurde, verlangte ein rationelleres Verfahren.*

fläche leicht geneigt, rollen die flüssigen Goldkügelchen in ein bereitstehendes Wasserbad, wo sie zischend erstarren.

Die Antiken kannten selbsverständlich keinen Gasbrenner. Strittig ist auch der Gebrauch des Lötrohrs, mit dessen feiner Düse man eine Kerzen-oder Ölflamme ablenken kann, um eine punktförmige Hitze auf das kleine zu lötende Objekt zu lenken. Nach *Jüngst* benutzten die antiken Goldschmiede nur das *Blasrohr*, um das Kohlenfeuer anzufachen [21]. Tatsächlich zeigen antike Vorlagen, die für uns die einzigen Quellen darstellen, den Goldschmied nur in dieser Funktion, mit Blasrohr und Zange ausgestattet. Es ist aber nicht völlig auszuschliessen, daß die Zange ein glühendes Holzkohlestück hält, dessen Hitze mit Hilfe des Blasrohrs abgelenkt wird.

Ungleich wirtschaftlicher ist allerdings ein bis heute angewandtes Verfahren Granalien in grosser Zahl zu erzeugen, zu Bedingungen die auch in der Antike bestanden: die Herstellung der Granalien im *Keramiktiegel*.

Zuvor aber wollen wir uns Gedanken darüber machen, wie die Granalien für den Tiegel präpariert wurden und welche Herstellungsweise auch historisch vertretbar erscheint.

Was geschieht zunächst beim Schmelzen des Goldes? Mit steigender Temperatur werden die Atome in der noch festen *Gitterstruktur* des Metalls immer beweglicher. Bei fortschreitender Erwärmung verlassen sie nach und nach ihren festen Platz im Atomgitter, das Gold beginnt sich zu verformen, um am Ende flüssig zu werden. Diesen Vorgang beobachten wir zuerst an den äußeren Zonen, den Ecken, der Oberfläche, also da, wo die Atome weniger fest in das Metallgefüge eingebunden sind, als im Innern. Flüssiges Metall tendiert nun dahin, auf Grund seiner Oberflächenspannung die Form mit der geringsten Oberfläche einzunehmen, die Kugel. Davon profitieren wir.

Dieser Umformungsprozess geht um so leichter vonstatten, je mehr die Ausgangsform der Endform entspricht. Der kurze Zylinder zum Beispiel, liegt näher an der Kugelform als der flache Quader. Das bedeutet etwa für die Granalienproduktion, kurze gleichmäßige Drahtabschnitte sind geeignetere Ausgangsformen als flache Blechstücke.

Tatsächlich fand kürzlich der berliner Restaurator Hans-Ulrich Tietz [22] auf echten etruskischen Stücken ungeschmolzene runde Drahtabschnitte, die dem etruskischen Goldschmied wohl versehentlich zwischen die sortierten Granalien gerieten und beim Auftrag seiner Aufmerksamkeit entwischten (Foto rechte Seite). Tietz errechnete auch, daß deren Volumen im Durchschnitt mit dem der anliegenden Granalien korrespondierte.

Gelegentlich wird eingewandt, die Etrusker hätten ein so kompliziertes Herstellungsverfahren für Draht, daß es wenig wahrscheinlich sei, daß sie diesen wieder in Stücke zerteilten. Man konnte ja das gleiche Ergebnis auch mit Blechpaillen erhalten. Dies ist im Prinzip richtig.

[33] *Jede Ausgangsform, ob Blech- oder Drahtstück, sucht beim Schmelzen die kleinste Oberfläche einzunehmen, die Kugel.*

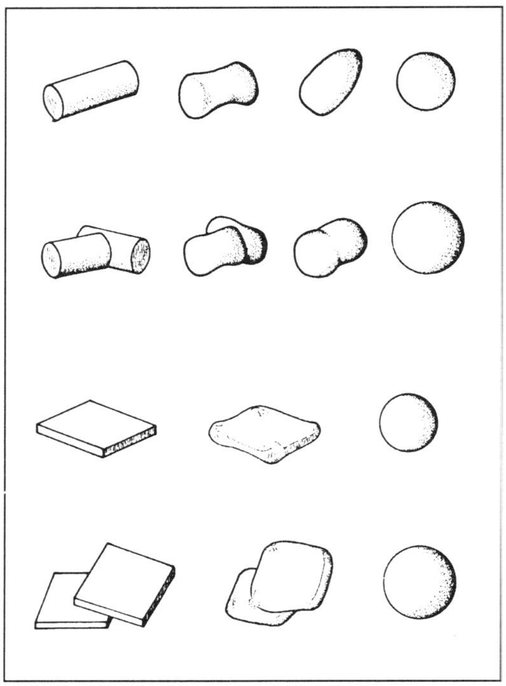

[34] *Im Raster-Elektronenmikroskop dargestelltes Detail einer granulierten Halbkugel aus einer Halskette* (Antikensammlung Berlin G16). *Man beachte das zylindrische Drahtstück, das beim Aufstreuen der Granalien wohl versehentlich mit aufgelötet wurde, wahrscheinlich eine Ursprungsform bei der Granalienherstellung.*

Der etruskische Goldschmied schnitt von ganz dünn gehämmertem Blech einen schmalen Rand ab. Dieser Goldstreifen wurde dann in sich so aufgezwirbelt und durch hin und her rollen zwischen zwei Platten allmählich zusammengepresst, daß sich ein gleichmäßig dünner Draht mit einer typischen umlaufenden Wendelstruktur ergab [23]. Ein zehn Zentimeter langes Drahtstück benötigt auf diese Weise je nach Fertigkeit nur etwa fünf bis zehn Minuten Arbeitszeit.

Von diesen Drähten ließen sich nun einfach oder auch gebündelt, in einer Metallführung mit Anschlag beliebig viele gleichkurze Stücke abscheren, besser als es mit Blechstreifen möglich ist. Der Drahtdurchmesser definiert aber auch zugleich eine untere Grenze der Granaliengröße. Für die etruskische Staubgranulation, wo die Körner kaum grösser als 0,12 mm sind, ist das Schneiden hauchdünn gehämmerter Bleche oder die Verwendung nativen *Fluß-Goldstaubs* wohl wahrscheinlicher.

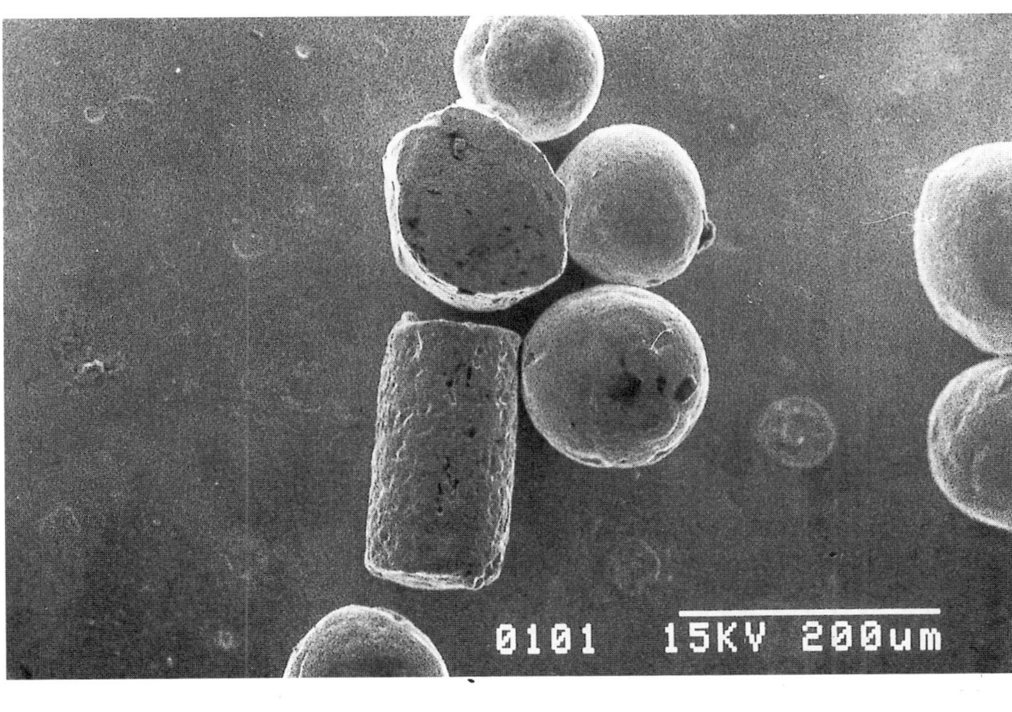

[35] Eine Methode, grobes Granulat zu erzeugen, ist das Eingießen der Metallschmelze in mit einem Reiserbesen bewegtes Wasser. Dabei entstehen alle Größen und auch unregelmäßigere Formen. Im Mittelalter bediente man sich ihrer meist als zierendes Beiwerk zu Filigranarbeiten.

[36] [37] *Draht als Ausgangsmaterial für Granalien wurde in der Antike hergestellt, indem man millimeterschmale hauchdünne Blech-streifen kordelte, so daß meist eine umlaufende Wendel antiken Draht charakterisiert.*
Mit einer (Marmor-)Platte wurde der so erzeugte Draht unter Druck hin und her gewalzt, bis er manchmal haardünn wurde. Von solchermaßen gehärtetem Golddraht lassen sich gleichlange Enden in beliebiger Zahl abscheren, um gleichgroße Granalien zu erschmelzen.

Wolters nimmt an, daß als Ausgangsmaterial für die Staubgranulation ab dem siebten Jahrhundert v.C. Feilspäne benutzt wurden [24]. Für die Anwendung von Spänen zur Kugelherstellung haben wir jedoch bis heute auf echten Gegenständen noch keinen Beleg in Form von ungeschmolzenen Resten gefunden. Nur bei Fälschungen des neunzehnten Jahrhunderts wurden nachweislich Feilspäne als Lotmaterial verwendet [25].

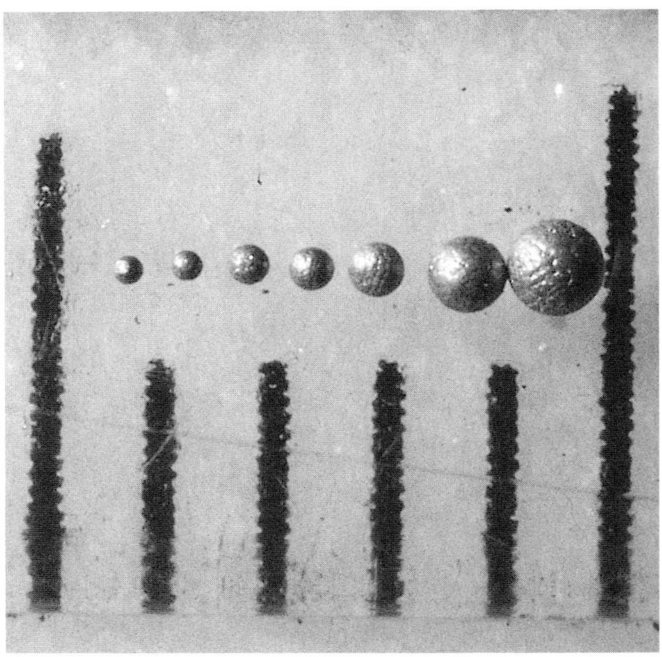

[38] *Etruskische Goldschmiede haben Granalien von einer Größe unter 0,1 mm herstellen können, vielleicht war auch Flußgold, gewaschener Goldstaub, ein Ausgangsprodukt für unterschiedliche Größen.*

[39] *Rechte Seite: Auch Formen, die in einem Zwischenstadium des Schmelzprozesses erstarrten, finden sich gelegentlich in Granulationen antiken Schmuckes.*

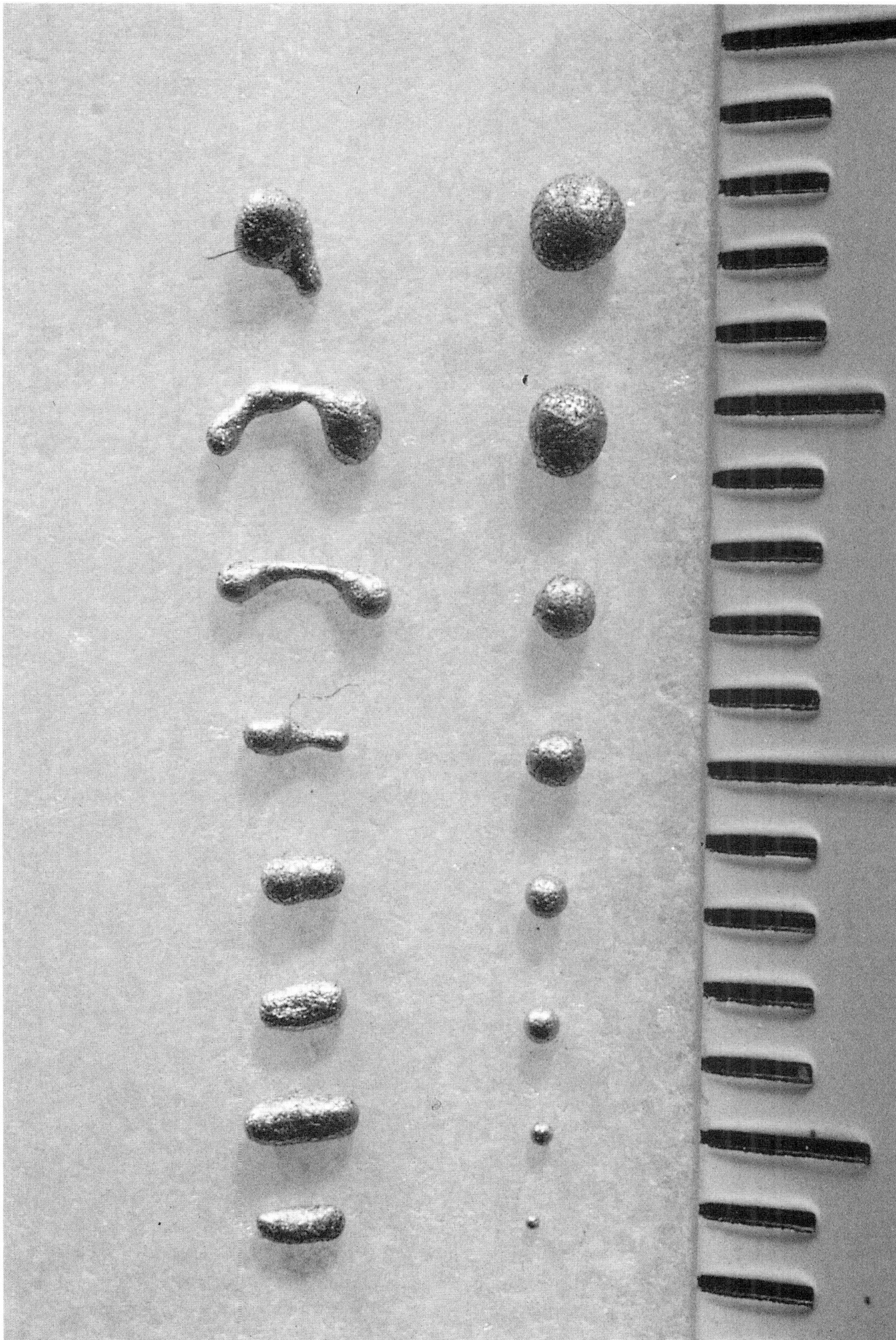

Das Schmelzen der Granalien

Wenden wir uns nun der Tiegelvorbereitung und dem Schmelzvorgang zu. In einem Keramiktiegel von der Größe eines Trinkglases wird auf eine erste Schicht *Holzkohlepulver* eine dünne Lage sich untereinander nicht berührender Goldpartikeln eingestreut, wiederum abgedeckt mit Kohlepulver und so Schicht für Schicht aufgefüllt. In der Praxis hat es sich als sinnvoll erwiesen, jede Lage leicht anzudrücken, um einen zufälligen Kontakt zwischen den einzelnen Granalien zu vermeiden. Der so präparierte Tiegel wird nun abgedeckt und längere Zeit im Holzkohlenfeuer bei circa 1100°C erhitzt.

[40] *Um eine sehr große Zahl Granalien zu erzeugen, muß es in der Antike ein Verfahren gegeben haben, das wohl identisch war mit unserem heutigen, dem Schmelzen des Granulats im Keramiktiegel mit Holzkohlepulver.*

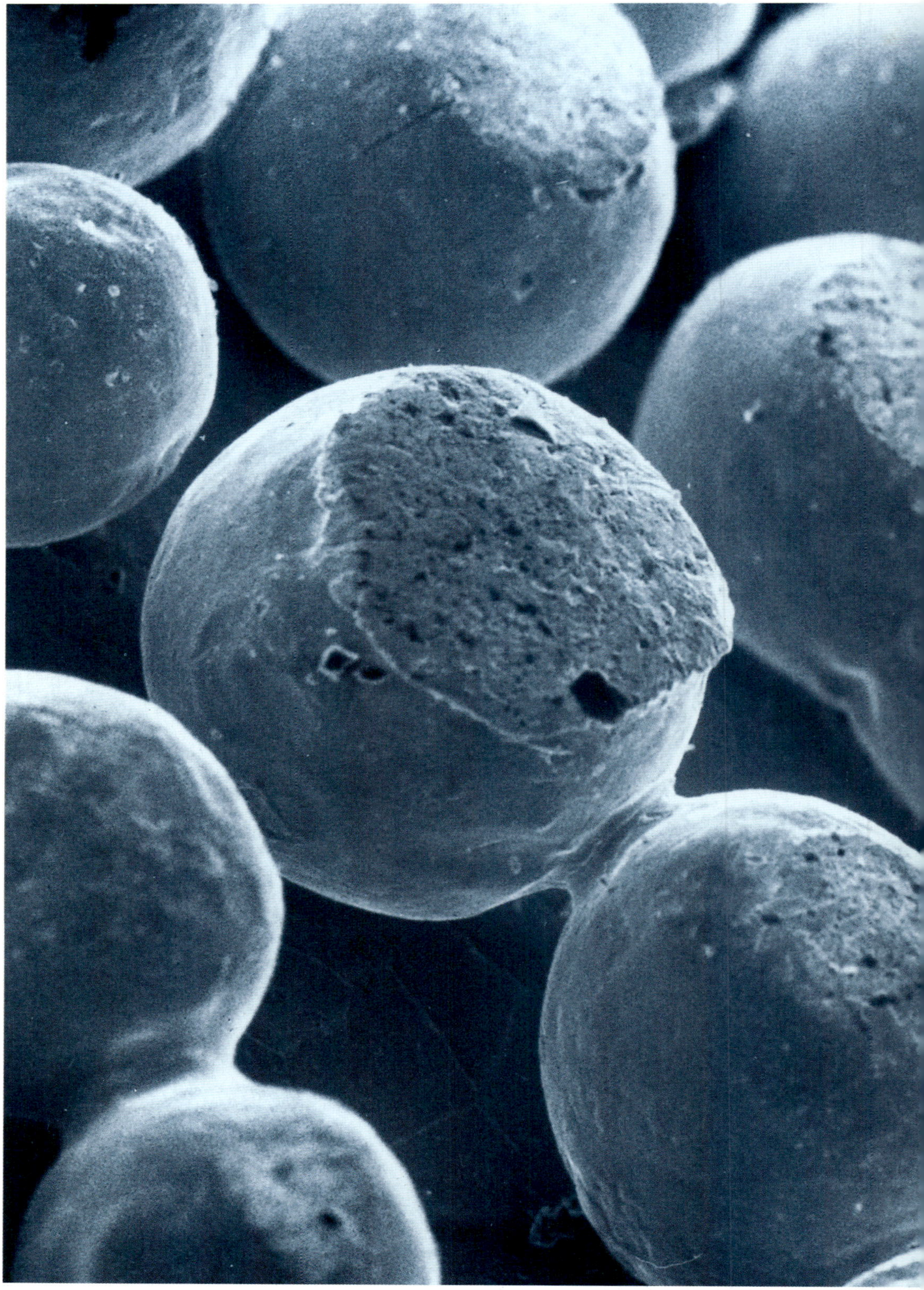

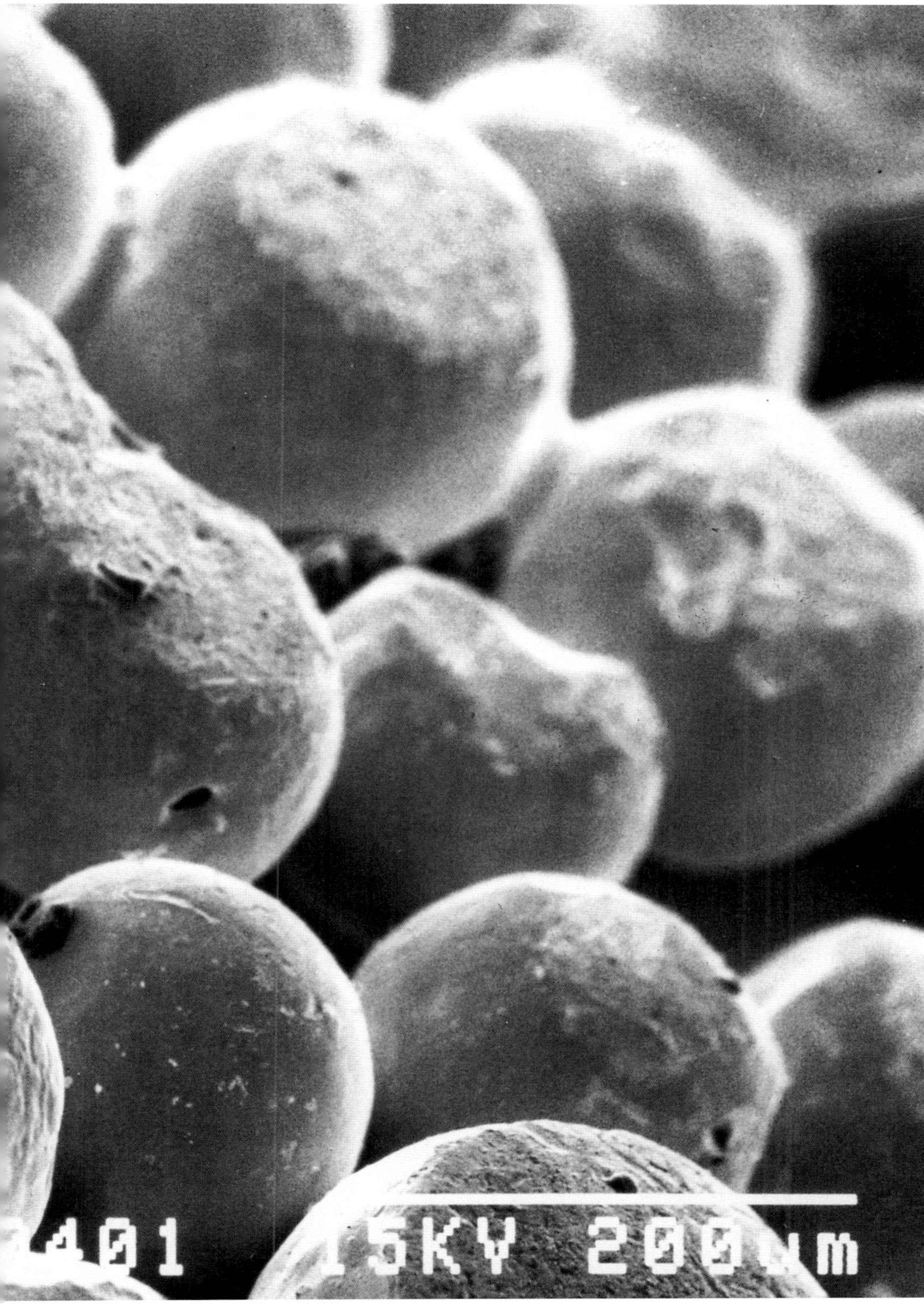
15KV 200um

[41] (Seite 52-53). *Wiederum führt uns eine Vergrößerung mit dem Elektronenmikroskop weiter. Im Zentrum des Bildes sind zwei Granalien ineinander verschmolzen.*
Solche Formen entstehen zuweilen beim Schmelzen im Holzkohlepulver, bei zu dichter Lage der flüssigen Kügelchen in der Phase der Temperaturabsenkung. Man beachte auch die minimale Lotmenge zwischen den Granalien der linken Seite.

Betrachten wir nun, was im Inneren des Tiegels geschieht, wo feine Goldpartikeln oder Drahtabschnitte als Ausgangsmaterial in ausgeglühtem Kohlestaub eingebettet liegen. Eine Abdeckung soll weiteren Sauerstoffzutritt auf ein Minimum reduzieren, während die Glut langsam bis zum Tiegelinneren vordringt.

Eine geringfügige Oxidation des Kohlestaubs ist dennoch willkommen, lockert sich doch so das dichte Gefüge etwas auf, und die schmelzenden Metallteilchen können sich leichter zu perfekten Granalien umformen. Jetzt gilt es jede Erschütterung des Tiegels tunlichst zu vermeiden, anderenfalls würden die Granalien leicht nach unten "durchregnen", sich mit anderen zu unerwünschter Form und Größe vereinigend.

Bei einer großen Zahl Granalien sind fast immer auch ein paar "Ausreißer" zu verzeichnen: Doppelperlen, entstanden aus zwei Nachbarkörnern, die so nahe nebeneinander lagen, daß sich die typische Hantel-Form ergab, die auch aus einem etwas längerem Drahtstück entstehen kann, das von beiden Enden her anschmolz.

Dauert die Erhitzung weiter an, ziehen sich solche Zwischenformen zu einem Ganzen zusammen, immer getreu dem Prinzip, die *kleinste* Oberfläche zu bilden, die Kugel. Deshalb gehört eine kleinere Ausbeute zu groß geratener Granalien durchaus zur normalen Statistik einer Tiegelfüllung.

Moderne, genauestens auf die Legierung eingestellte Schmelzöfen und gute Legierungen verbessern heute das Ergebnis.

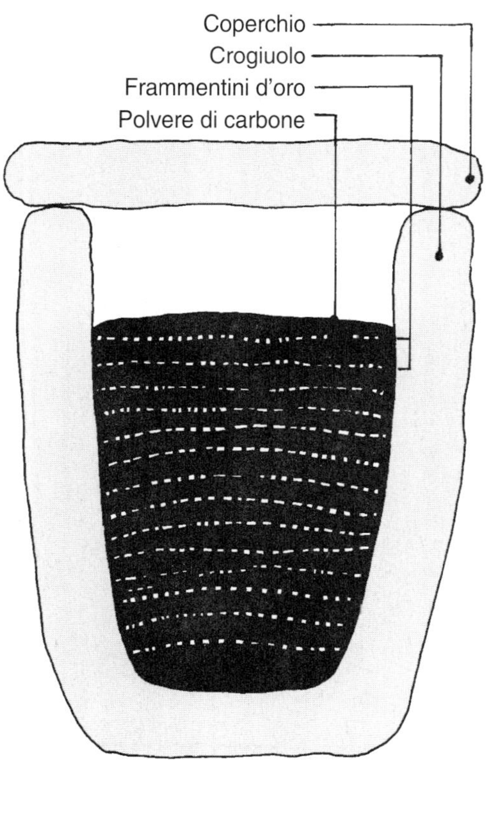

[42] *Der Schnitt durch den Tiegel demonstriert, wie die Goldpaillen schichtartig in das Holzkohlenpulver eingestreut sind.*

Waschen und Sortieren der Granalien

[43] *Der Inhalt des Tiegels nach dem Schmelzvorgang*

Der folgende Akt ist immer von einer gewissen Spannung begleitet. Im abgekühlten Tiegel erkennt man nämlich zunächst nichts, außer feinstem Kohlestaub. Erst wenn die Füllung ausgesiebt ist, wird der Erfolg sichtbar. Sind alle Granalien wirklich perfekt rund, die Oberfläche spiegelglatt?

Bei sehr feinem Granulat wird der ganze Tiegelinhalt in der Art des Goldwaschens vom Kohlenstaub befreit. Es empfiehlt sich, wiederholt mit weichem Wasser zu spülen. Andernfalls kann es geschehen, daß das feinste Granulat unsichtbar obenauf zwischen dem Kohlepulver schwimmt und uns verloren geht. Die Etrusker haben sich hier vielleicht mit Aschenlauge und Regenwasser beholfen.

Im Anschluss daran wird das gereinigte Granulat durch Erwärmen oder auf einer reinen, saugenden Unterlage getrocknet und sortiert.

[44] *Die Granalien (hier Electron) sind nach Größe 0,1 bis 0,4 mm in Einzelreihen auf den Gelbgold-Rezipienten montiert. Die überschüssige Chrysocolla wurde bereits entfernt.*

[45] *Die schnellste und rationellste Form des Sortierens geschieht mit der Greendose, einem Etagensieb mit von oben her absteigender Lochgröße.*

Das Sortieren

Jeder entwickelt in der Praxis seine individuellen Methoden, so auch hier. Zunächst gilt es die eventuell unrunden Granalien von den perfekten Kügelchen zu trennen. Das überläßt man am besten den Granalien selbst. Die ganze Mischung wird auf einem glatten Tablett ausgebreitet, dieses leicht angehoben, sodaß alle runden Kugeln mit Leichtigkeit zu einer Ecke rollen können, während der minderbrauchbare Rest liegen bleibt. Das war einst sicher ebenso leicht mit einer polierten Marmorplatte und einem untergelegten Leder zum Auffangen der Granalien zu bewerkstelligen, wie heute.

Bleibt das Sortieren nach Grösse. Wer diese Arbeit nicht mühsam mit Hilfe der Pinzette vorzieht, bedient sich heute der *Greendose*, eines Etagensiebes, für etwa fünf absteigende Korngrössen von etwa 0,1-1,0 mm Lochdurchmesser. Oben werden die unsortierten Granalien hineingegeben und in jeder Etage bleiben die jeweils größeren Granalien zurück, während die kleineren durchfallen, nur das feinste Granulat sammelt sich ganz unten.

Wir wissen nicht, ob in der Antike Siebe von solcher Präzision hergestellt und benutzt wurden. Betrachten wir jedoch die zahlreichen, aus Grabbeigaben bekannten etruskischen Küchensiebe (*infundibuli*), die etwa zur Filterung des

Weins dienten, stellen wir sehr präzise dicht beieinanderliegende Bohrungen fest. Einfacher als in Bronze, ließen sich hypothetisch dünngehämmerte Goldfolien mit feinsten Nadeln zu Sieben mit völlig identischer Lochgrösse präparieren, die eine Anwendung ähnlich unserem beschriebenen Etagensieb denkbar erscheinen ließen.

Nicht beschrieben, aber naheliegend wäre zum Beispiel ein Sortierverfahren, das wohl in der Antike keinerlei technische Probleme bereitete: Wer sich statt der Siebe ein kleines Sortiment von "*Kämmen*" aus Knochen oder Muschel fertigte, die Granalien auf ebener Fläche bei den Größten beginnend herauskämmte, kam zum gleichen Ergebnis wie oben beschrieben.

Noch simpler ist ein vom Autor benutztes Sortierverfahren. Das durchmischte Granulat wird auf einem Tablett (Marmorplatte) in einer Ecke ausgebreitet. Durch Auflegen eines flachen Holz- oder Knochentäfelchens werden wiederum die größten Kugeln zuerst erfaßt und einfach aus der Menge herausgerollt, während alle kleineren zunächst unberührt liegenbleiben. (Siehe Skizze). Von Vorteil ist hierbei, daß nur annähernd identische Granalien erfaßt werden, was zum Beispiel hilfreich sein kann, für ein geometrisches Motiv in Reihung. Natürlich läßt sich ebenso gut eine gemischte Streugranulation vertreten, wenn man einer lebendigeren Oberflächenstruktur den Vorzug gibt.

[46] *Es sind auch an einfachere Sortierverfahren vorstellbar, wie das Herausrollen immer gleichgroßer Granalien mit einem kleinen glatten Täfelchen.*

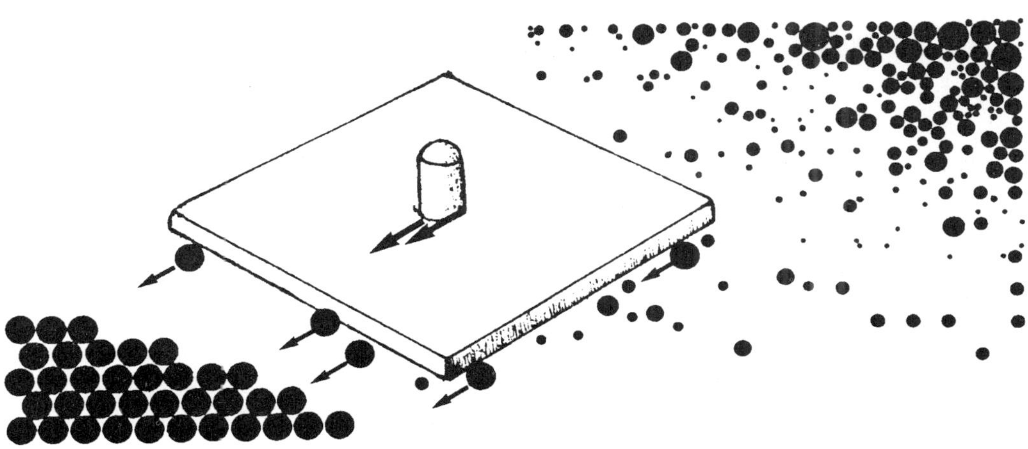

[47] *Der Vergleich mit der Originalgröße zeigt ein figurales Silhouettenmotiv im Zustand der Montage, des Auftrags der Granalien.*

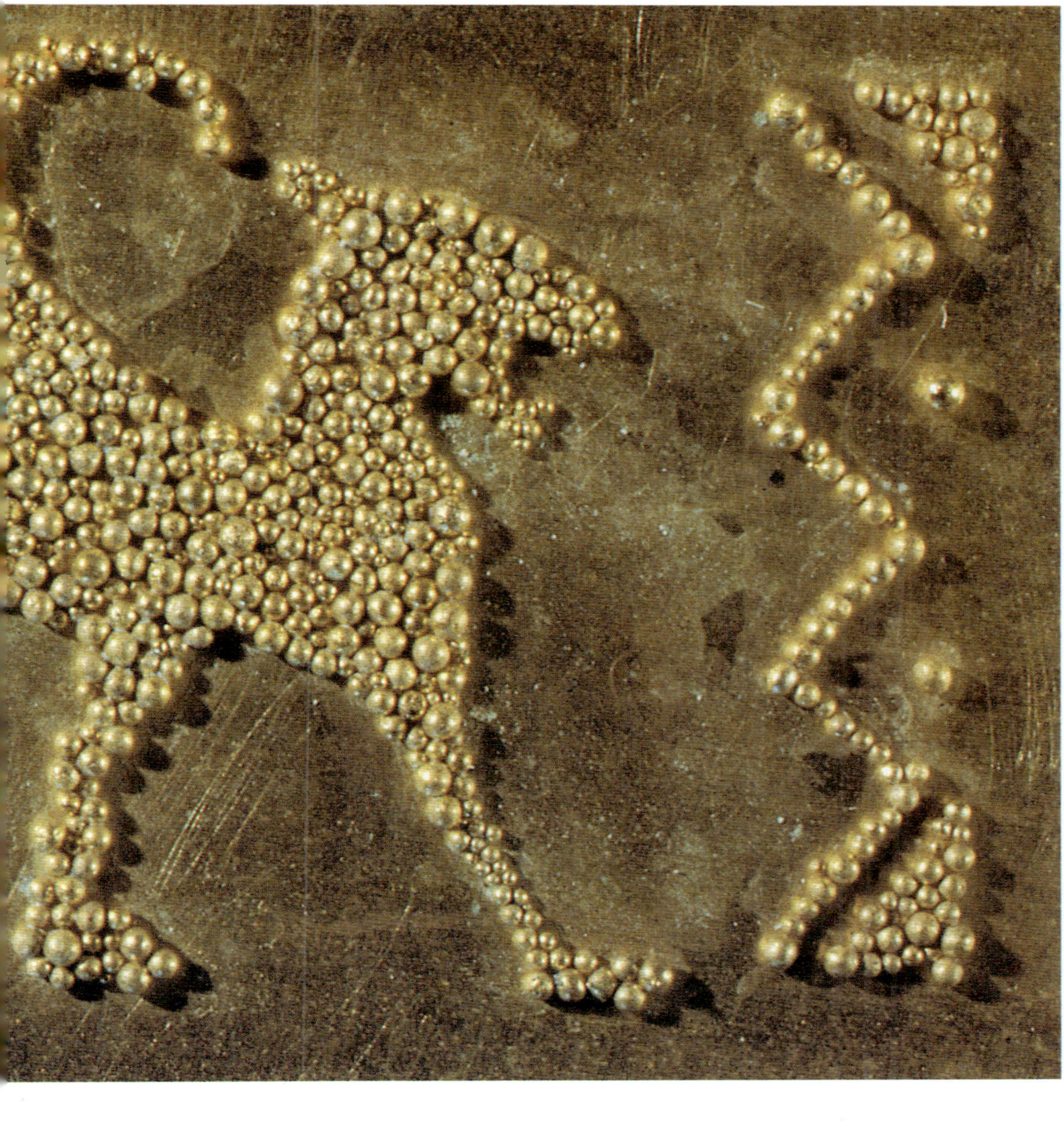

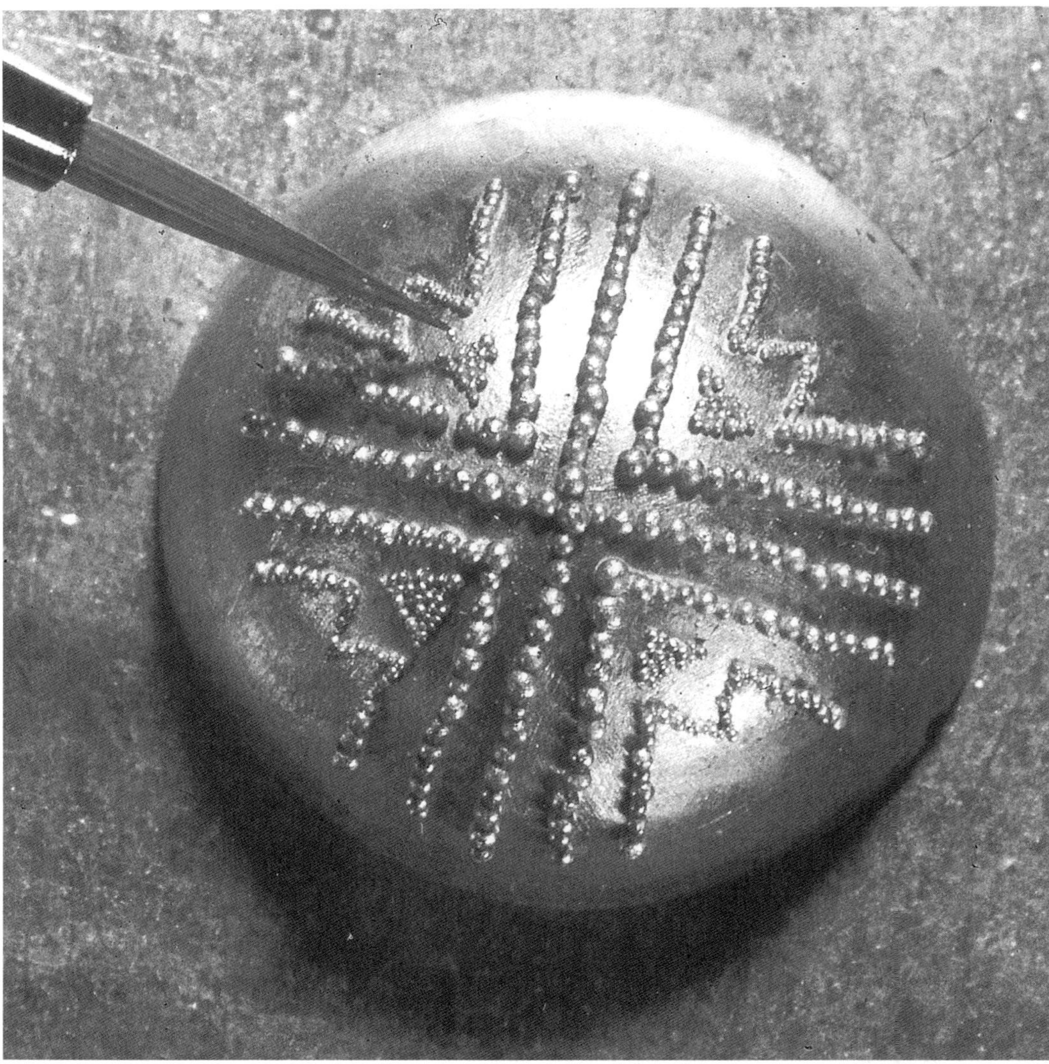

[48] *Die Granalien, hier Elektron auf 750er Gelbgold, werden mit dem Retuschepinsel (N. 00) einzeln oder höchstens zu zweit aufgenommen und an die Linien angelegt.*

Der Auftrag auf den Rezipienten

Es soll hier nicht unsere Sache sein, künstlerische Kriterien anzuführen, die uns vielleicht zu einer persönlichen Einschätzung des Werkstückes dienen. Betont sein soll jedoch, daß die Granulationstechnik immer auch ein grafisch-malerisches Gestaltungsmittel war, in das trotz zeittypischer Vorlagen immer auch individuelle Elemente mit einflossen.

Antiker Granulationsschmuck beginnt auf einer neuen Ebene lebendig zu werden, wenn die Kreativität des Betrachters *heute* die Künstlerpersönlichkeit von *einst* wiedererstehen läßt. Ein privilegierter Exkurs, eher dem vorbehalten, der im Museum handgreiflichen Umgang mit dem wertvollen Original pflegt, dem die optischen Mittel zur Verfügung stehen, einzutauchen in die Welt der tausend Goldsphären.

Gute Augen, eine ruhige Hand und die Fähigkeit zu konzentrierter Geduld machen die "Wunder" möglich, als die sie, zumindest dem Laien, erscheinen mögen. Die Mittel dazu sind, vom Gold einmal abgesehen, höchst einfacher Natur.

Das Klebemittel für die Granalien soll *organischer* Herkunft sein, muß es doch beim Lötvorgang verkohlen und schließlich rückstandslos verbrennen.

Alles fügt sich zusammen, selbst der Klebstoff dient dem Zwecke zweimal: zunächst beim *Anheften* und darauf im Verbrennen als *Reduktionsmittel*.

Anrainer des Mittelmeers sind bei jedem Fischgericht mit dem Klebstoff konfrontiert, der für unsere Zwecke besonders geeignet ist, der *Gelatine*. Im Binnenland gibt es ähnliche Varianten pflanzlicher und tierischer Herkunft. Cellini erwähnte in seinen "*Trattati*" den Gebrauch des *Tragantwassers*, der Autor machte seine ersten Granulationsversuche mangels anderem mit dem milchigem Saft des Feigenbaums, der im Süden an jedem Hause steht, und manch einer hat sich schon mit Speichel beholfen.

Die Konsistenz des Klebstoff-Wasser-Gemischs (meist wird auch das Kupfersalz gleich hinzugefügt) spielt eine wichtige Rolle beim Auftragen auf das Werkstück. Zuviel Gelatine verhindert ein dichtes Aufsitzen der Granalien und dickt zu schnell ein, zu wenig kann zum frühzeitigen Lösen einiger Kügelchen führen. Man kann das Kupfersalz unter bestimmten Umständen auch erst nach dem völligen *Antrocknen* des Klebe-

[49] *Die Flächengranulation bietet im Gegensatz zur Liniengranulation die Möglichkeit, gleichzeitig mehrere Granalien auf den leicht schwimmenden Flüssigkeitsfilm aufzutragen.*
Wie von unsichtbaren Magneten geführt, schließen sich die winzigen Kügelchen aneinander.
Die Lücken nutzend, folgen sie dem Gesetz der kleinsten Kammerfüllung.

mittels hinzufügen. In diesem Fall sollte es eher ein *wasserlösliches* Salz sein (z.B. $CuSO_4$ Kupfersulfat). Der vollgesaugte Marderhaarpinsel (Nr. 00) tippt nur an die belegte Fläche oder Linie an und die *Kapillarwirkung* zwischen den Granalien sorgt für die gleichmäßige Verteilung der Chrysocolla.

Malachit als Lötmittel ist eher pastos und folgt daher etwas anderen Gesetzmäßigkeiten.

Nicht zu vernachlässigen ist der jeweils unterschiedliche Anteil des Kupfers in der Chemikalie. Man wird eher suchen, eine untere Grenze anzusteuern, trotz der Gefahr, daß einige Granalien nicht haften bleiben, statt ein "*Versinken*" der Körner zu riskieren. Das heißt, die Granalien schmelzen unter dem Einfluß des Kupferanteils und der Überhitzung leicht an. Sie wirken dann wie mit Hartlot gelötet. Mit einer zweiten Lötung lassen sich eventuelle Fehlstellen problemlos ergänzen.

Wir wollen noch einige Gesetzmäßigkeiten erwähnen, die beim Auftrag der Granalien eine Rolle spielen. Auf dem flüssigen Film aus Wasser, Chrysocolla und Gelatine zeigen die frisch aufgetragenen Kügelchen ähnliche Eigenschaften wie schwimmende Seifenblasen, die sich gegenseitig *anziehen* und dicht aneinanderschließen. Drei Granalien bilden auf solche Weise ein stabiles *Dreieck* als eine natürliche Form.

[50] *Sauberkeit ist im beim Auftrag eine wesentliche Voraussetzung. In kleinen Gefäßen sind die gerade eben benötigten Mengen angemischt, hier ist Gelatine mit Kupfersulfat in wenig Wasser aufgelöst. Der Pinsel nimmt die Granalien nicht mit der Chrysocolla, sondern im ausgespülten, kaum feuchten Zustand auf. Das Wassergefäß gehört also mit an den Arbeitsplatz.*

Nun verstehen wir auch, warum im Formenkanon aller Kulturen, die sich der Granulationstechnik bedienen, das *Dreiecksmotiv* eine solch überragende Rolle spielt!

Mit dem leicht angefeuchteten Pinsel, der immer wieder im Wasser vom Kleber gereinigt wird, lassen sich gleichzeitig *mehrere* Granalien aufnehmen, besonders um in malerischer Manier die Granalien im Klebstofftropfen zu freien Formen "zurechtzuschieben". Beim Anlegen von *Linien* allerdings gilt ein anderes Prinzip. Der Klebstoffauftrag soll nun mit dem feinen Pinsel genau der Zeichnung einige Millimeter *voraus* erfolgen. An der Pinselspitze haften nicht mehr als *zwei* Granalien, die nun mühelos anzulegen sind. Letzte kleine Korrekturen lassen sich mit der Spitze einer Nadel vornehmen. Besonders bei sich wiederholenden geometrischen Konfigurationen ist es sinnvoll, nur eine Korngröße zu verwenden, um einen gleichmäßigen Duktus zu erzielen.

Etruskische Granulationen zeigten auf *repoussé*, getrieben aus dünnem Goldblech, geprägten Reliefs wie Tieren, Fabelwesen oder floralen Motiven, die Granalien meist in *Einzelreihen* angeordnet. Sie können *ex novo* Details betonen (Mähnen, Schwänze, Augen) oder schwach betonte Partien *konturieren*. Meist jedoch folgen sie vertieften Linien, Konturen oder Falten.

Geometrisches Dekor wie Kreise, Zickzack und Meander finden wir eher auf glatten flachen Rezipienten. Aber selbst komplizierte Konfigurationen zeigen keinerlei sichtbare Vorzeichnungen. Andererseits ist es nicht auszuschließen, daß das Motiv mit feinem Haarpinsel und einer färbenden Chrysocolla (Malachit, Kupferoxid) leicht vorgemalt wurde.

Nur in einem Fall war bisher eine eingeritzte Linie am Zylinder einer Kammfibel im Museo di Villa Giulia in Rom festzustellen, hier offensichtlich als Bezugslinie gedacht, bei der Anlage eines Zickzack-Musters, das von da aus über die ganze Fläche, vermutlich frei, fortgeführt wurde (s. auch S. 70) [26].

Der Auftrag eines noch so komplizierten Musters ist für sich nicht als Problem anzusehen.

Der Faktor Zeit ist es, der in der Antike neben der handwerklichen Fähigkeit eine unvergleichlich andere Rolle spielte als heute. Technisch war es ohne Relevanz, wenn das Belegen einer komplizierten Fibel, etwa zwei Wochen beanspruchte.

Wahrscheinlich lag Castellani nicht ganz falsch, als er für solche sensible Hände erfordernde Tätigkeiten, junge Frauen empfahl. Vielleicht waren es die Töchter etruskischer Goldschmiede, deren Fähigkeiten wir hier zu bewundern haben?

[51] *Der Versuch, mit 0,1 mm Blechstärke zu granulieren wie in der Antike üblich, zeigt, daß trotz des Minimums an chemischem Lot, kleine Löcher entstehen können. Hier wurden alle typischen Elemente versuchsweise aufgelötet, die geprägte Palmette, Kordeldraht und Granalien.*

[52] [53] *Das Detail einer Kammfibel aus Palästrina zeigt ein Zickzack-Muster, das in der Vergrößerung eine eingeritzte Linie erkennen läßt. Dies ist bisher das einzige Beispiel einer gewissen Vorzeichnung. Das Muster wurde wohl im flachen Blech aufgetragen, gelötet und dann erst zum Zylinder geformt.*

Das Flußmittel

Eine Lotverbindung kann nur zustandekommen, wenn eine ungehinderte Legierungsbildung durch *Diffusion* an den zu verbindenden Metallen bei erreichter Temperatur stattfindet. Das Lot mit seinem niedrigeren Schmelzpunkt würde sich im Erhitzen sofort mit einem *Oxidfilm* überziehen, wenn nicht die reduzierende Wirkung des Holzkohlenfeuers dies ganz oder teilweise verhinderte. Eine zu schwache Reduktion hätte auch schon einen mindernden Einfluß auf die Lötqualität. Hier entfaltet eine seit 5000 Jahren bekannte Chemikalie ihre Wirkung: das *Flußmittel*.

Wir haben es hintan gestellt, da es nur eine Hilfe darstellt, ohne die man aber bis in die Neuzeit, trotz idealer Bedingungen, im reduzierenden Kohlenfeuer nicht auskommen wollte.

Was bewirkt das Flußmittel bei der Granulation ?

1. Es hat zuerst die Aufgabe neu entstehende Oxidfilme aufzulösen, damit das Lot unmittelbaren Kontakt zur Lötstelle bekommt.

2. Es soll die Lötstelle vor weiterem Luftzutritt schützen.

3. Es soll die Oberflächenspannung des flüssigen Lots mindern, also die Lötstelle benetzen.

4. Idealerweise soll es circa 50°C vor dem chemischen Lot schmelzen und diesem bei Erreichen der Wirktemperatur von 889°C Platz machen.

Ein zweites Mal bewährte sich nun ein wirklich schon "historisches Bündnis" zweier Chemikalien. Wir kennen sie schon: *Malachit* und *Soda*, Goldleim und Flußmittel.

Soda ist in Ägypten bereits seit 3000 v.C. bekannt und war in der Natur reichlich vorhanden. Wie oben schon erwähnt, diente es vor allem bei der Herstellung von Fayencen, Glas und als Reinigungsmittel.

Chemisch ist Soda ein Natriumcarbonat (Na_2CO_3) das Natriumsalz der Kohlensäure. Es schmilzt bei 850°C, reduziert Kupferoxid zu Carbonat, während die Flamme bei Oxidation des Natriums gelb gefärbt wird (letzteres wirkt sich allerdings etwas nachteilig auf die genaue Beobachtung des Lötprozesses aus).

$$Na_2CO_3 + CuO \longrightarrow CuCO_3 + Na_2O$$

Das Natriumcarbonat verbindet sich also mit Kupfer(II)oxid zu Kupfercarbonat und Natriumoxid.

Das Kupfercarbonat wird als chemisches Lot wiederum zu Kupfer reduziert, so daß man eine rückstandsfreie Lötstelle erhält.

Auch *Herodot* erwähnt um 450 v.C. den Gebrauch des Soda, und *Plinius d.Ä.* beschreibt ausdrücklich den Gebrauch des *Nitrum* (Rohsoda) zum Goldlöten. In Verbindung mit dem Urin eines "unschuldigen Knaben" und

Chrysocolla entsteht die berühmte "*Santerna*", deren Name etruskischen Ursprungs sein soll. Noch *Cellini* schwor 1500 Jahre später darauf.

Es wäre in weiteren Experimenten noch zu untersuchen, ob die *benetzende* Wirkung des Soda dazu beitragen könnte, den Anteil des chemischen Lotes weiter zu verringern. Im Prinzip trägt ja gerade diese Wirkung zum sogenannten "Versinken" der Granalien im Untergrund bei. Umgekehrt also ist es wahrscheinlicher, daß "auf dem Stil" stehende Granalien *ohne* Flußmittel gelötet wurden, da eine erhöhte Oberflächenspannung die Granalie gewissermaßen hochhebt und so noch freier wirken läßt.

[54] [55] *Auch das Löten mit dem Brenner erfolgt im reduzierenden Teil der Flamme. Ein Flußmittel kann die reduzierende Wirkung verbessern.*

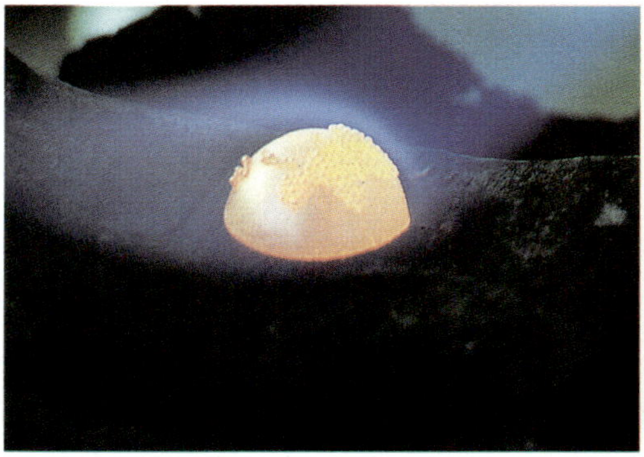

Das Löten mit Holzkohle

Man kann sich natürlich fragen, ob es denn sinnvoll ist, sich mit antiken Methoden heute noch auseinanderzusetzen, wenn die Kardinalfrage des "Wie" doch im Prinizip geklärt zu sein scheint. Wir kennen nun das "Geheimnis" der Chrysocolla und wissen, welches die antike Technik war. Wissen wir das wirklich?

Mit der Wiedererlangung des Verfahrens zum chemischen Löten halten wir ja erst einen Schlüssel in den Händen, den es zu nutzen gilt. Unbekannte Räume liegen noch vor uns. Mit anderen Worten, die Beantwortung einer Frage gebiert zahlreiche neue. Hat es noch *weitere* Verfahren gegeben, zumindest in Mischform mit dem Hauptverfahren? [27]

Und eine Kardinalfrage könnte lauten: Auf welche Weise hat man im Altertum gelötet? Und wie vor allem, die oft äußerst schwierig zu lötenden Granulationen?

Eine Frage die dem Praktiker sofort eine Diskussion wert ist, da er die Problematik vor Augen hat. Dennoch hat sich kaum jemand mit diesem Thema experimentell auseinandergesetzt.

Lassen wir zuerst wieder den zu Wort kommen, der für uns in mancher Weise zum Bindeglied zwischen Antike und Neuzeit geworden ist: *Benvenuto Cellini*. Wir lesen in seinen "*Abhandlungen*" (1568) eine ausführliche Beschreibung des Lötens mit der Holzkohle, so wie es bis in das 17. Jahrhundert und manchmal noch darüber hinaus, üblich war:

"*Das folgende erste Lötverfahren nennt man 'Löten im Feuer'. Man nimmt unberührten Grünspan (*Chrysocolla*) vom schönsten, den man sich beschaffen kann, ein Quantum, das etwa demjenigen einer einheimischen Nuß ohne grüne Schale entspricht. Zu diesem Quantum gib den sechsten Teil Ammoniaksalz und gleichviel Borax, reibe diese Substanzen gut zusammen und schütte sie, unter Zugabe von etwas reinem Wasser, in ein kleines Glasgefäß.*

Jetzt versieht man sich mit einem hölzernen Stäbchen, mit dem man jenen Grünspan, der wie eine Farbe zum Malen beschaffen sein muß, ziemlich dick auf alle jene Fugen [...] deiner soweit gediehenen Arbeit aufträgt.

Sobald man den Grünspan aufgetragen hat, streut man noch etwas gut gemahlenen Borax aus der Streubüchse darüber.

Jetzt entfachst du ein Feuer mit frischen unangebrannten Kohlen, die so gelegt sind, daß die nicht brennenden Enden der Kohlenstücke von dem zu lötenden Werk wegstehen, weil diese Enden rauchen, und lege dein Werk aufs Feuer. Ist es soweit, schichte noch einen Rost aus Kohle über deine Arbeit, beachtend aber, daß die Kohlen das Werk nicht berühren.

Deine volle Aufmerksamkeit auf das

[56] *Arbeitsversuche mit dem chemischen Lot erfolgten in eigens konstruierten Keramiköfen, gebrannt aus der* Terra di Murlo. *Der Poggio Civitate bei Murlo war bereits in der Orientalisierenden Periode Sitz etruskischer Lukomonen. Noch bis ins 20. Jh. war Murlo eines der regionalen Zentren des Ofenbaus.*

Werk in den glühenden Kohlen richtend, bläst du, wenn es (das Werkstück) *rot geworden ist, wie das Feuer, mit einem Blasebalg auf geschickte Weise in die Glut, derart, daß die Flammen es voll und weich umschließen.*

Gibst du zuviel Wind darein, springt ein scharfes Feuer auf, das deine Arbeit schmelzen ließe und damit zunichte machen würde.

Falls du aber mit der verlangten Sorgfalt zu Werke gehst, wirst du beobachten, wie die äußere Goldhaut zu leuchten und sich dann zu bewegen beginnt (entscheidender Moment der Diffussion des metallischen Kupfers ins Grundmaterial!).

In diesem Augenblick hat man mit einem kleinen Pinsel bereit zu sein, etwas Wasser auf das Stück zu spritzen, welches auf diese Weise, ohne Lot (ohne metallisches Hartlot) *aufs beste gelötet sein wird. [...] In Wahrheit sollte dieses erste Löten im Feuer nicht mit Lötung benannt werden, ist es doch ein Zusammenbringen in einem und demselben Material, denn die Tugend des Grünspans im Verein mit dem Ammoniumsalz und dem Borax ist derart, daß er nur eben die Haut des Goldes flüssig macht und alles so vereint, daß es überall gleiche Härte beibehält.*

Jetzt legst du dein Werk für die ganze Nacht in sehr starken weißen Essig mit etwas Salz. Anderntages findest du es gesäubert und blank allen Boraxes." [28]

Diese Beschreibung Cellinis verdient außerordentliche Beachtung. Sie enthält fast alle Komponenten, die hinsichtlich des antiken Lötverfahrens dem heutigen Betrachter noch Rätsel aufgaben.

Das beginnt bereits beim Umgang mit dem Feuer, und der Holzkohle. Dort wo der Kamin im Hause zum Wärmen und auch Kochen noch eine lebendige Funktion hat, wie zum Beispiel im ländlichen Italien, würde man automatisch ein solches Feuer richtig anlegen. Grillkohle, wie wir sie meist kennen, ist schon in kleine Stücke zerbrochen und nicht mehr so aufzuschichten, wie Cellini es beschreibt.

Die völlig verkohlten Äste der Buche oder Steineiche sind *konzentrisch* anzulegen, daß eine *laminare* (wirbelarme) Luftströmung von außen nach innen auf das Werkstück gelenkt wird. Diese würde aber das Stück nur ungleichmäßig erhitzen, da die Wärmeabstrahlung nach oben zu groß wäre.

Deshalb baut Cellini über das vollplastische Schmuckobjekt in der Glut ein *Dach* aus Holzkohle, das die Hitze nicht nur gleichmäßig reflektiert, sondern, da selbst aus glühender Kohle bestehend, eine allseits *reduzierende* Wirkung überhaupt erst garantiert.

Dies ist, wie wir wissen, die Grundvoraussetzung des beschriebenen Verfahrens.

Eine zweite Beobachtung, von Cellini akzentuiert beschrieben, ist das "Spiegeln" der Oberfläche auf Grund der eingetretenen Reduzierung der Chrysocolla zu reinem Kupfer. Dieses schwimmt für einen Augenblick wie ein flirrender Film auf der Oberfläche. Damit ist gleichzeitig aber auch der Legierungsprozeß in Gang gesetzt. Das Objekt wäre in Gefahr zu schmelzen, wenn nicht sofort gelöscht würde, mit einem ins Wasser getauchten kleinen Besen oder einem Pinsel.

Angewandt auf ein typisches Werkstück der Neuzeit, mit einem Goldblechrezipient von 0,3-0,4 mm Materialdicke und Filigranauflage, wurde der beschriebene Vorgang nachvollzogen. Lediglich die Beobachtung des "kritischen Punktes" erwies sich im Versuch als schwierig. Die Wärmeabstrahlung erschwerte eine konzentrierte Beobachtung aus der gebotenen Nähe. Ein improvisierter Hitzeschild mit einer Aussparung zur Beobachtung des Werkstücks war aber hilfreich.

Weitere Versuche mit *0,15 mm* Blechstärke verliefen in mehrfacher Hinsicht unbefriedigend. Kleine Bewegungen in der Glut, durch verbrannte Kohle verursacht, führten zum teilweisen Verlust des Granulats. An den Auftragsstellen ergaben sich dünne Partien durch Anschmelzen der Diffusionszonen, die auf der Rückseite sichtbar wurden. Im Altertum hat man aber mit eben sehr dünnen Materialstärken bei Edelmetallen operiert.

Vielleicht sollte man für ganz spezifische Arbeiten, die ein gewisses Verlustrisiko als nicht hinnehmbar erscheinen ließen, auch mehr an maßgeschneiderte Lösungen denken. Dies wäre bei Objekten mit folgenden Charakteristiken relevant:

1. Arbeiten mit minimaler Materialstärke, die absolute Kontrolle aus der Nähe erfordern, da der Löschzeitpunkt in Sekundenschnelle wahrgenommen werden muß.
2. Arbeiten, deren lange Vorbereitungszeit allein die sichere und erfolgreiche Lötung voraussetzt.
3. Werkstücke, die allseits granuliert sind, da sie bei der kleinsten Erschütterung in der Glut ihre Granalien verlieren würden.

Wie könnten solche Lösungen hypothetisch und in der Praxis ausgesehen haben?

[57] *Ein zweiter Ofentyp ist dieser kleine Kuppelofen mit kurzer Esse, in dem Temperaturen von 1200°C in der Holzkohlenglut mit Luftzufuhr erreicht werden.*

Das Löten im Werkofen

Oft geben antike Belege nur spärlich Auskunft auf unsere Fragen. Dann tritt die Hypothese ersatzweise an den Platz des fehlenden Beweises.

Auf unser Thema bezogen, ist die historische Problematik der Technik der Granulation in ihrer Gesamtheit am besten von Wolters erkannt und beschrieben worden [29].

Form und Funktion der antiken Öfen bergen *per se* ein ähnliches Problem in sich. Für den entsprechenden Zeitraum dienen uns wenige attische Vasenfragmente als Zuträger einer mythologischen Ikonografie. Hephaistos, Gott des Erdenfeuers und der Schmiedekunst, meist einen Blasebalg mit sich führend, feuert mannshohe Schmiede- oder Gußöfen an, oder als literarische Testimonia im 18. Gesang der Ilias; die Waffenschmiedung, wieder Hephaistos: "*[...] und ging zu den Blasebälgen/und diese wandte er zum Feuer und ließ sie arbeiten./Und die Blasebälge, zwanzig insgesamt, bliesen in die Schmelztiegel,/und entsandten einen allfältigen, gut angefachten Zugwind [...]*" [30].

Noch ältere ägyptische Wandbilder zeigen Darstellungen, die sich als Löt- und Schmelzprozesse interpretieren lassen. Sechs knieende Personen mit Blasrohren aus Rohr fachen die Glut eines Tiegelofens an, den wir in seiner Art recht gut für unsere Zwecke einsetzen könnten, nämlich zum Schmelzen der in Kohlepulver eingebetteten Granalien.

In solchen Schmelztiegeln konnten mit Hartholzkohle Temperaturen bis zu 1500°C erreicht werden.

Für die Form des Tiegelofens gibt es auch die Entsprechung des kleinen gebrannten Küchenöfchens, den wir von etruskischem Hausrat her kennen (Antiquarium Murlo). Die, auch für unsere Versuchsöfen verwendete, *Terra di Murlo* enthält in idealer Zusammensetzung alle Komponenten, die dort seit der orientalisierenden Zeit bis ins 20. Jahrhundert als Rohmaterial für den Ofenbau dienten.

Für die Lötung einer Granulation ist der oben offene *Tiegelofen* allerdings weniger geeignet.

Die aufsteigende Hitze würde die gewünschte Beobachtung aus der Nähe zumindest behindern und ein Operieren mit der Zange erschweren. Der freie Luftzutritt von oben schränkt zudem die gewünschte Reduktion ein, und vollplastische Objekte würden, einer ungleichmäßigen Erwärmung entsprechend, nur unzureichend zu löten sein.

Ägyptische Wandbilder z.B. vom Grab des *Rekh-Mi-Reh* bei Theben (um 1450 v.C.) zeigen eine Anordnung, die den wesentlichen Vorzug hat, von vorn zugänglich zu sein. Das Kohlebecken steht auf einem Untersatz, der ein Aschegefäß sein könnte. Die Feuerstelle selbst besteht aus einem (eventuell unten perforierten) Kohlebecken mit dreiseitigem Windschutz, der auch als Wärmereflektor dient. Davor hockt ein Goldschmied, der mit dem Blasrohr (mit Keramikdüse) die Glut anfacht.

Dieser Aufbau könnte schon mit dem Cellinis verglichen werden. Man könnte ihn als eine Art Universal-Werkofen bezeichnen, mit dem alle Golschmiedearbeiten von einfachen Lötvorgängen bis zum Zwischenglühen großer Treibarbeiten vollzogen wurden. Delikate Lötungen jedoch, wie wir sie beschreiben, erforderten sicher eine Hilfskonstruktion, um dem Nachteil der zu großen Wärmeabstrahlung nach oben und vorn zu begegnen.

Wir können diese Form fließend zum Kuppelofen weiterentwickeln, der wiederum von einem ägyptischen Wandbild abzuleiten ist.

[58] *Der Tiegelofen, hier ungebrannt mit Keramikdüse, ein Ziegenbalg dient als Schlauchgebläse. In solchen Tiegelöfen (Reste fanden sich am* Poggio Civitate*) können Bronze, Edelmetalle und natürlich auch Granalien im eingesetzten Schmelztiegel erschmolzen werden.*

[59] *Da es keine griechischen oder gar etruskischen Darstellungen von Goldschmiedewerköfen gibt, gehen wir nocheinmal tausend Jahre zurück, ins ägyptische Theben.*
Als eine Art Universal-Ofen ließe sich dieser aus dem Grab des Rek-Mi-Reh bezeichnen.
Das Kohlebecken mit Windschutz ist eventuell unten perforiert und über einem Aschebehälter angeordnet.
Hier konnte man von vorn die Glut mit Hilfe des Blasrohrs mit Keramikdüse anfachen, mußte allerdings die starke Wärmeabstrahlung in Kauf nehmen.

Die praktische Erprobung mehrerer Varianten zeigte keine wesentlichen Unterschiede. Der Vorteil der geringeren Wärmeabstrahlung nach vorn war evident. Auftauchende Probleme waren Bewegungen, die in der Glut immer stattfinden, wenn Kohle verbrennt.

Wir wissen: ein mit Granalien montierter Rezipient benötigt eine absolut erschütterungsfreie Position. So wurde versuchsweise in der Basis des Kuppelofens, der vorher präparierte Tiegel zum Schmelzen von Granalien gleich mit eingesetzt. Dessen Abdeckung aus Keramik bot nun eine ideale, glühende, *erschütterungsfreie* Arbeitsebene. Gleichzeitig mit dem Lötprozeß wurden nun auch neue Granalien geschmolzen. Die Ersparnis von Brennmaterial ist beachtlich und als ökonomischer Faktor mit einzubeziehen.

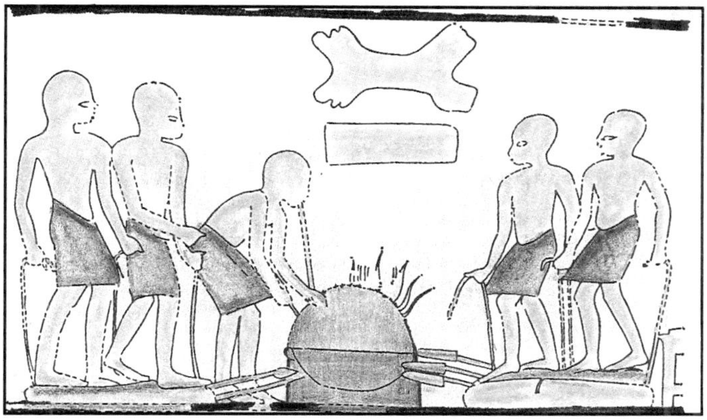

[60] *Eine Art kleiner Kuppelofen dient hier als Schmelzofen, vier ägyptische Hilfskräfte treten die Schlauchgebläse, daß die Flammen aus dem Feuerloch schlagen.*

[61] *Darunter ein experimenteller Kuppelofen, mit dem bei geringer Wärmeabstrahlung und guter Beobachtungsmöglichkeit granuliert werden konnte.*

Als ideal erwies sich das Überbauen der Arbeitsebene mit einem Dach aus Holzkohle (s. Abb. S. 86). Binnen kurzem glüht dieses von innen ebenfalls. Nun ist eine absolut *gleichmäßige Wärmeabstrahlung* auf ein vollplastisches Objekt (Zylinder, Kugel) garantiert, ebenso eine allseits reduzierende Atmosphäre und die Beobachtung aus der Nähe.

Es ist auch vorstellbar, daß eine solche Holzkohlekonstruktion direkt am oben beschriebenen Kohlebecken mit einem Hitzeschild kombiniert, provisorisch ihren Zweck erfüllte.

Ein weiterer Versuch bezieht sich auf die *Keramikmuffel*, die in die Glut eingebracht, einmal glühend, die Hitze sehr gleichmäßig verteilt. Sie wäre besonders für sehr große Werkstücke wie Scheibenfibeln mit Zylinder geeignet, da nicht das Werkstück bewegt werden muß, sondern die Muffel als Ganzes ins Feuer genommen wird.

Im übrigen scheint eine immer wieder gestellte Frage nach der Einschätzung des Lötzeitpunktes in der Antike, zumindest hypothetisch, beantwortbar, wenn wir uns von einer komplizierten Vorstellung der Temperaturmessung bei großer Hitze freimachen.

Unsere Wirktemperatur ist 889°C. Kurz vor Erreichen dieser Temperatur

[62] In diesem Werkofen wurde unter Ersparnis von Holzkohle zugleich in der Basis der Tiegel mit den Granalien eingebracht.
Dessen Abdeckung diente als Arbeitsebene, über der ein zusätzliches Dach aus Holzkohle eine ideale allseitige Hitzereflektion bei guten Reduktionsbedingungen garantierte.
Die gewünschte Beobachtung aus der Nähe stellte nun kein Problem mehr dar.

gilt es auf der Hut zu sein, um nicht die ganze Arbeit zu gefährden.

Neben das Schmuckobjekt müßte nun ein kleines Stück Goldblech mit der verwendeten Chrysocolla bestrichen, gut sichtbar plaziert werden. So ließe sich das "Spiegeln", der Eintritt der Legierphase, leicht kontrollieren.

Zum anderen waren sicher gewisse Schmelzpunkte durch Beobachtung bekannt. Naheliegend scheint es, ein Klümpchen Soda (das Flußmittel) in der Art des Segerkegels neben das Werkstück zu legen. Wie wir wissen, hat es den Vorzug, genau bei 850°C zu schmelzen. Gerade noch rechtzeitig, um einen Pinsel ins Wasser zu tauchen, damit das Granulationsobjekt nach dem Löten abgelöscht werden kann.

Ein weiterer Vorteil dieses Werkofens mit Kuppel macht sich nun bemerkbar. Der beim Löschen entstehende Dampf übt in der Glut zunächst eine zusätzlich reduzierende Wirkung aus und verhindert gleichzeitig den Sauerstoffzutritt zum gelöteten Schmuckobjekt. Dieses kann nun, im Idealfall ohne Oxidation, glänzend dem Ofen entnommen werden.

Abschließend sei daran erinnert, daß antike und moderne Verfahren zwei Aspekte derselben Disziplin kennzeichnen. Jede separate Betrachtung bliebe unbefriedigend, da sie mit der Ausgrenzung gleichzeitig eine Einengung in Kauf nähme.

[63] *Die in den Ofen eingebrachte Keramikmuffel benötigt eine höhere Starthitze garantiert aber ebenfalls eine gute Wärmeverteilung.*

Nicht der Imitation antiker Formen und Techniken diene das Wissen über die Antike, sondern der kreativen Form des Wissens, der Erkenntnis. Dazu der Meister aus Florenz, sich gegenüber Papst Clemens VII. der Nachahmung antiker Vorlagen verweigernd: "*Ach! Für uns ist es besser, einen neuen Weg zu suchen, als es der Metallbearbeitungskunst der Etrusker gleichtun zu wollen. Der Versuch, mit ihnen zu rivalisieren, wäre ein sicheres Mittel, uns als ungeschickte Nachahmer zu erweisen*" 31.

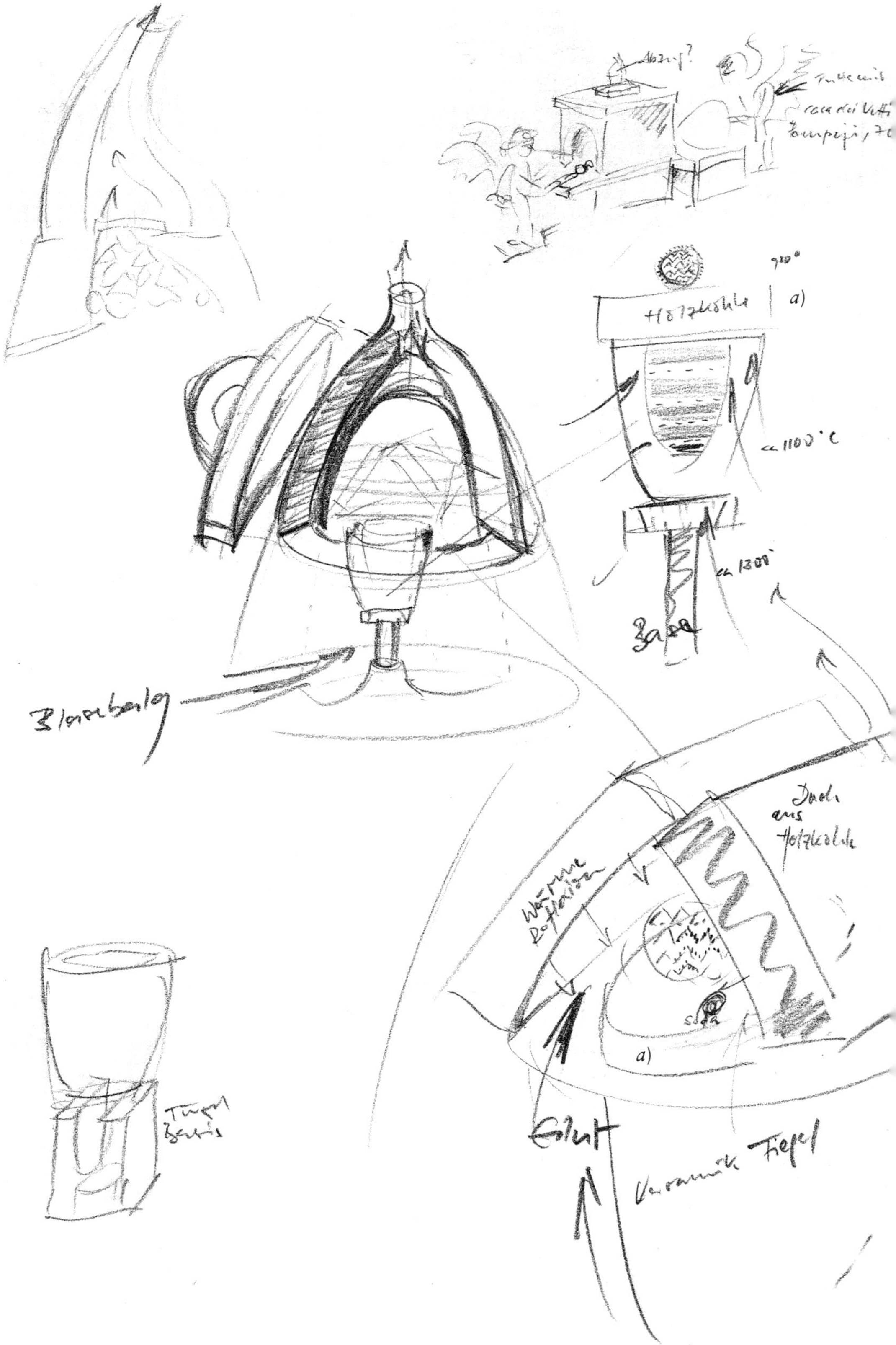
Abzug?
Holzkohle
a)
ca 1100°C
ca 1300°
Blasebalg
Dach aus Holzkohle
a)
Glut
Keramik Tiegel

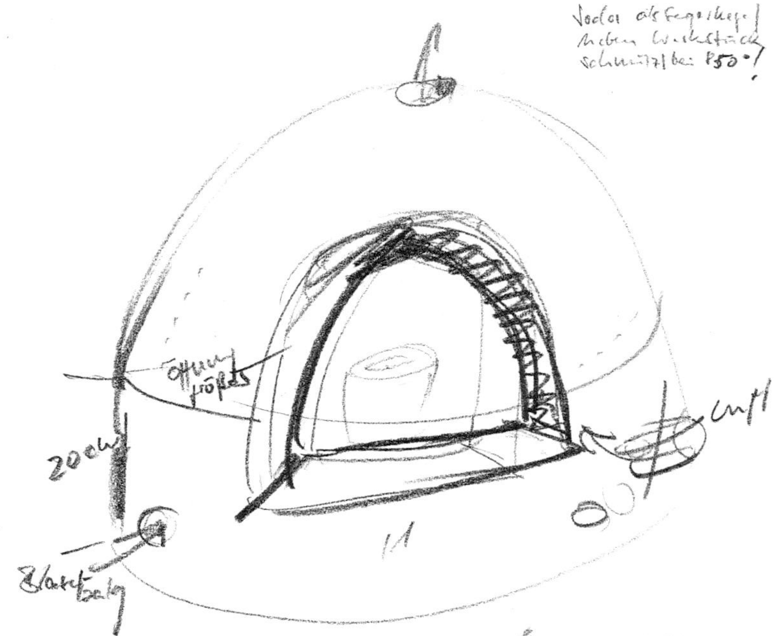

b)

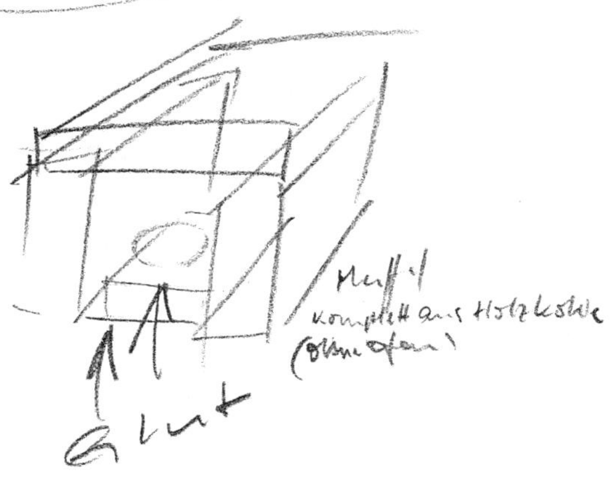

[64] *Die Arbeitsskizzen von Versuchsöfen demonstrieren das ökonomische Prinzip des zeitgleichen Schmelzens der Granalien im Tiegel (bei ca. 1100°C) mit der Lötung der Granulation auf der Tiegelabdeckung (a) bei ca. 900°C. Diese dient damit als Arbeitsfläche, während das glühende Holzkohledach darüber, für eine gleichmäßige reduzierende Atmosphäre sorgt. Kleine Objekte könnten auch in einer Art Holzkohle-Muffel direkt in der Glut gelötet worden sein (b).*

Noten und Literaturhinweise

1 A. Castellani, *Antique Jewellery and its Revival*, London, 1862.

2 J. Wolters, *Die Granulation, Geschichte und Technik einer alten Goldschmiedekunst*, Callwey, München 1983, S. 283.

3 C. Aldred, *The Jewels of the Pharaohs*, Thames and Hudson, London 1971.

4 F.W. Von Hase, *Zum östlichen Einfluß auf die Goldarbeiten des späteren 8. und 7. Jahrhundert v.C. in Mittelitalien*, Proceedings of the Xth International Congress of Classical Archaeology, Ankara 1978.

5 E. Formigli, "Fälschungen etruskischer Goldschmiedearbeiten", *Die Etrusker und Europa.*

6 M. Cristofani, M. Martelli, *L'oro degli Etruschi*, Novara 1983, cat. 277.

7 E. Formigli, *Tecniche dell'oreficeria etrusca e romana, originali e falsificazioni*, Firenze 1985; H. Hoffmann, V. Von Clear, *Antiker Gold- und Silberschmuck*, Mainz 1968; J. Ogden, *Jewellery of the Ancient World*, London 1982.

8 P. Parrini, E. Formigli, E. Mello, "Etruscan Granulation: Analysis of Orientalizing Jewellery from Marsiliana d'Albegna", *American Journal of Archaeology* 86, 1982, S. 118-121.

9 J. Wolters, *dto.*, S. 57.

10 W. Schuhmann, *BLV- Bestimmungsbuch der Edelsteine*, München 1978.

11 H. Jüngst, *Zu den Anfängen des Hartlötens, Symposium: Historische Technologie der Edelmetalle*, Ludwigsburg 1980.

12 Dieboners, *Handbuch des Goldschmieds*, B. III, 1977, S. 129.

13 J. Wolters, *dto.*, S. 277.

14 J. Wolters, *dto.*, S. 278.

15 E. Brepohl, *Theorie und Praxis des Goldschmieds*, Leipzig 1973.

16 M. Rosenberg, *Geschichte der Goldschmiedekunst auf technischer Grundlage*, Abt. Granulation, Frankfurt a.M. 1918.

17 H.A.P. Littledale, *Improvements in hard soldering mixtures and hard soldering processes*, Brit. Pat. 415181 (23.8.1934).

18 J. Wolters, *dto.*, S. 34.

19 Vannuccio di Biringuccio, *De la Pyrotechnia*, Venezia 1540, B. IV, S. 68.

20 B. Cellini, *Due Trattati: uno intorno alle otto principali arti della oreficeria, l'altro in materia dell'arte della scultura...*, Florenz 1568; Deutsche Übersetzung: J. Brinkmann, *Abhandlungen über die Goldschmiedekunst und die Skulptur*, Leipzig 1867.

21 H. Jüngst, *dto.*

22 G. Platz, H.U. Tietz, *Etruskische Skarabäen-Colliers*, Jahrbuch der Berliner Museen 35, 1993.

23 E. Formigli, *Sulla tecnica di costruzione dei fili d'oro nell'oreficeria etrusca*, Symposium: Outils et ateliers d'orfevres, Saint Germain-en-Laye 1991.

24 J. Wolters, *dto.*, S. 294.

25 E. Formigli, W.D. Heilmeyer, "Einige Fälschungen antiken Goldschmucks im 19. Jahrhundert", *Archäologischer Anzeiger*, in Druck.

26 R. Baines, *Technical Decisions in the Gold Cylinders from Praeneste*, Symposium: Outils et ateliers d'orfevres, Saint Germain-en-Laye.

27 R. Echt, W.R. Thiele, *Etruskische Goldschmuck mit gelöteter und gesinterter Granulation*, Archäologisches Korrespondenzblatt 17, 1987.

28 B. Cellini, *Abhandlungen über die Goldschmiedekunst und die Bildhauerei*, Übersetzung von Ruth und Max Fröhlich, Gewerbe Museum Basel, S. 43; *Due Trattati*, I, 18, Anm. 19.

29 J. Wolters, *dto.*, S. 34 ff., S. 50 ff.

30 G. Weisgerber, C. Roden, *Griechische Metallhandwerker und ihr Gebläse*, Der Anschnitt, 1, 1986.

31 B. Cellini, *Vita*. Übersetzung von J.W. von Goethe, *Leben des Benvenuto Cellini*, Rohwolt 1957.

Bibliografie

1568 B. Cellini, *Due Trattati: Uno intorno alle principali Arti della Oreficeria...*, Florenz, Deutsche Übersetzung: J. Brinkmann, Leipzig, 1867; *Abhandlungen über die Goldschmiedekunst und die Bildhauerei*, Übersetzung Ruth und Max Fröhlich, Basel.

1862 A. Castellani, *Antique Jewellery and its Revival*, London.

1915 C. Densmore Curtis, "Ancient Granulated Jewellery of the VIIth Century and earlier", *Memoirs of the American Academy in Rome*, vol. I, 63-85.

1918 M. Rosenberg, *Geschichte der Goldschmiedekunst auf technischer Grundlage II*, Granulation, Frankfurt a.M.

1936 H.A.P. Littledale, *A New Process of Hard-Soldering and its Possible Connection with the Methods Used by the Ancient Greeks and Etruscan*, Lecture to the Worshipful of Goldsmiths 24th Feb. 1936, University Microfilms International, 1981.

1951 E. Frey, *Das Prinzip der Technik des Granulierens*, Deutsche Goldschmiedezeitung, Stuttgart, 8, 207.

1951 J. Schneider, *Zur Granulation*, Deutsche Goldschmiedezeitung, Stuttgart, 12, 318-319.

1952 G. Piccardi, *Sulla oreficeria granulata*, Studi Etruschi, 22, 199-202.

1952 F. Chlebecek, *Beitrag zur Technik der Granulation*, Studi Etruschi, 22, 203-205.

1954 H. Maryon, H. Plenderleith, *Fine Metalwork*, A History of Tecnology, II, London.

1954 G. Piccardi, S. Bordi, *Sull'oreficeria granulata etrusca*, Studi Etruschi, 24, 353-363.

1955 G. Becatti, *Oreficerie antiche dalle minoiche alle barbariche*, Rom.

1956 E. Treskow, *Kunst und Leben der Etrusker*, Ausstellung Köln, 1956, 46 ff.

1956 E. Coche de La Ferté, *Les bijoux antiques*, Paris.

1961 R.A. Higgins, *Greek and Roman Jewellery*, 19-23, London.

1966 H. Hoffmann, P.F. Davidson, *Greek Gold. Jewelry from the Age of Alexander*, Mainz.

1968 M. Trokay, *Les origins du décor à granulation dans l'orfévrerie egyptienne*, Chron. d'Egypte, 43, 85, 271.

1969 Diebeners, *Handbuch des Goldschmieds* Bd. III, Stuttgart.

1971 C. Aldred, *The Jewels of the Pharaohs*, London.

1973 A. Thouvenin, *La soudure dans la construction des oeuvres d'orfévrerie antique et ancienne*, Revue Archéologique de l'est et du centre-est, 91, XXIV, 11-69.

1973 E. Brepohl, *Theorie und Praxis des Goldschmieds*, Leipzig.

1974 D.L. Caroll, *A Classification for Granulation in Ancient Metalwork*, American Journal of Archaeology, 78.

1980 H. Jüngst, *Zu den Anfängen des Hartlötens*, Symposium: Historische Technologie der Edelmetalle, Ludwigsburg.

1980 W.A. ODDY, N.D. MEEKS, J.M. OGDEN, *The Scientific Examination of a Phoenician Earring*, Symposium: Historische Technologie der Edelmetalle, Ludwigsburg.

1980 J. WOLTERS, *Literary Sources on Granulation*, Symposium: Historische Technologie der Edelmetalle, Ludwigsburg.

1982 J. OGDEN, *Jewellery of the Ancient World*, London.

1982 P. PARRINI, E. FORMIGLI, E. MELLO, *Etruscan Granulation: Analysis of Orientalizing Jewelry from Marsiliana d'Albegna*, American Journal of Archaeology, 86, 118-121.

1982 V. FELL, *Ancient Fluxes for Soldering and Brazing*, Masca Journal, 2, 3.

1983 D.L. CAROLL, *On Granulation in Ancient Metalwork*, American Journal of Archaeology, 87.

1983 J. WOLTERS, *Die Granulation, Geschichte und Technik einer alten Goldschmiedekunst*, Callwey, München.

1983 E. FORMIGLI, *Appendice tecnica. L'oro degli etruschi*, 321-33, Novara.

1985 E. FORMIGLI, *Tecniche dell'oreficeria etrusca e romana*, Firenze.

1987 R. ECHT, W.R. THIELE, *Etruskischer Goldschmuck mit gelöteter und gesinterter Granulation*, Archäologisches Korrespondenzblatt, 17.

1989 A.R. DUVAL, C. ELUERE, L.P. HURTEL, M. MENU, *The Use of Scanning Electron Microscope in the Study of Gold Granulation*, 25th Symposium in Athen: Archaeometry, Amsterdam.

1990 C. ELUÈRE, *Les secrets de l'or antique*, Paris, 200-207.

1990 G. NICOLINI, *Techniques des ors antiques. La bijouterie ibérique du VII au IV siècle.*

1990 R. BAINES, *The Significance of Double Row Granulation from Palestrina*, Symposium: Decorative Techniques in Jewellery, London.

1991 A. PAREA, *Orfebreria prerromana*, Casa del Monte.

1991 A.C. ROBERT-HAUGLUSTAINE, *Le soudage de l'or: étude a partir des textes antiques et médiévaux*, Symposium: Outils et ateliers d'orfevres, Saint Germain en Laye.

1993 G. PLATZ, H.U. TIETZ, *Etruskische Skarabäen-Colliers*, Jahrbuch der Berliner Museen, 35.

1993 E. FORMIGLI, W.D. HEILMEYER, *Einige Fälschungen antiken Goldschmucks im 19. Jahrhundert*, Archäologischer Anzeiger, 4.

1994 G. NESTLER, *Die Granulation. Antike Goldschmiedetechnik im Experiment, Bild der Wissenschaft*, DVA Stuttgart, (in Vorbereitung).

Glossar

Abkürzungen: Jh. = Jahrhundert, Jt. = Jahrtausend, v.C. = v.Chr.

Archaische Phase: 6. Jh. v.C., der Klassik vorausgehend.

Blasrohr: Im Altertum oft Schilfrohr mit Keramikdüse, dient zum Anfachen der Holzkohlenglut.

Castellani Alessandro (jun.): Goldschmied u. Sammler im 19. Jh.

Castellani, F. Pio: Römischer Goldschmied, ab 1814 Nachahmungen etruskischer Arbeiten.

Chemisches Lot: siehe Chrysocolla.

Chrysocoll: abgel. v. griech. *χρυσός* = Gold u. *χολλα* = Leim, Malachit, basisches Kupfercarbonat.

Chrysocolla: (→ Chrysocoll) nach Malachit wurden weitere Kupfer-Verbindungen als chemisches Lot entdeckt, wie Azurit, Grünspan, Kupferoxide, etc., die alle unter dem Begriff *Chrysocolla* zusammengefaßt wurden.

Diffusion: Verschmelzung, Eindringen von Atomen ins Grundmetall, Legierungsbildung.

Discus-Ohrring: Scheibenförmiger Ohrring mit konzentrischem Dekor.

Etagensieb: auch Greendose, mehrstöckiges Sieb mit absteigender Lochgröße zum Sortieren der Granalien.

Etrusker: lat. *Tusci* (davon *Toscana*) oder *Etrusci*, griech. *Tyrrhenoi* (davon Tyrrhenisches Meer), etruskisch *Rasenna* oder *Rasna*; Ursprung unklar, nach Herodot aus Kleinasien stammend, dem widerspräche aber die Kontinuität zwischen früheisenzeitlichen →*Villanova-Kultur* und etr. Kultur; Schrift lesbar, da dem griech. Alphabet entlehnt, aber Sprache nur unvollkommen verständlich mangels Überlieferung und Vergleichsmöglichkeit; 7. Jh. kulturelle und sprachl. Einheit, außerordentliche Leistung als Metallhandwerker, Wasserbau, Terracottaplastik, loser Zwölf-Städtebund, ausgeprägte Religion.

Etrurien: Antike Landschaft im westl. Mittelitalien, von den Etruskern bewohnt, nach ihnen im MA Tuskien, heute Toskana genannt.

Fibel: Antike Form einer Schmucknadel mit Bogen, Feder, und Fuß, zum Schließen des Gewandes.

Filigran: lat. *filum* = Faden u. *granum* = Korn, Schmuckform aus Gold- oder Silberdraht, der glatt, gedreht oder gekörnt auf den Metallgrund gelötet wird.

Flußgold: Erwaschenes → natives → Gold, Nuggets, Goldstaub.

Gitter-Struktur: Mit Erstarren der Schmelze ordnen sich die Metallatome nach geometrischem Prinzip. Das räumliche Gefüge nennt sich Kristallgitter, bei Gold (Au), Silber (Ag) und Kupfer (Cu) ist es kubisch, weshalb diese Schmuckmetalle besonders leicht miteinander legieren.

Gold: lat. *Aurum*, chem. Au, Schmelzpunkt 1063°C.

Granulation: (lat. *granum* = Korn), die metallische Verbindung einzelner oder mehrerer kleiner Metallkugeln mit dem Untergrund.

Hartlöten: Löten bei Arbeitstemperaturen über 450°C.

Hephaistos: Griechischer Gott der Metallhandwerker.

Klassische Phase: 5.-4. Jh. v.C., vor der Hellenistischen Phase.

Körbchen-Ohrring: Ohrring in Form eines kurzen Zylinders.

Kuppelofen: Hier mit Holzkohle beheizter Werkofen mit Keramikkuppel.

Littledale, H.A.P.: Goldschmied, engl. Protagonist der wiedergefundenen Löttechnik, 1934 brit. Patent auf Reaktionslöttechnik.

Lötrohr: Metallrohr mit gewinkelter Düse zum konzentrierten Ablenken der Hitze auf das Werkstück (wahrsch. erst ab 17. Jh. in Gebrauch).

Malachit: → *Chrysocoll.*

minoisch: Bronzezeitliche Kulturentwicklung Kretas (3000-1100).

montieren: Das Aufbringen zu lötender Teile auf das Werkstück.

Murlo: Mittelalterliches befestigtes Dorf südl. von Siena, seit 1966 etruskische Ausgrabungen am Poggio Civitate, (ab 1970 Prof. Nielsen, Bowdoin College, Evansville) sehenswertes Antiquarium mit örtlichen Funden der → *Orientalisierenden* und → *Archaischen Phase.*

nativ: lat. *nativus* = angeboren, natürlich gewachsen.

Orientalisierende Phase: ca 7. Jh. v.C., vor Archaischer Phase.

Paillen: (lat. *palea* = Spreu), hier winzige Goldblechschnipsel.

Palmette: Von Phöniziern eingeführtes fächerartiges florales Dekorationselement.

Plinius Secundus d.Ä. Gaius: (23-79), Röm. Schriftsteller, verfaßte eine *Naturalis historia*, kam beim Studium des Vesuvausbruchs ums Leben.

Punze: Stahlstift, dessen unteres Ende einen bestimmten Abdruck erzeugt.

Reaktionslöten: Antikes Verfahren zur metallischen Verbindung von Edelmetallen mit Hilfe einer Kupferverbindung in reduzierender Hitze.

Reduktion: Rückschreitende Umwandlung unter Sauerstoffentzug.

Repoussé: (franz.) Treibarbeit in Blech mit Hammer und Punzen auf Kitt oder Bleiunterlage.

Rezipient: von lat. *recipio* = erhalten, das zu belötende Grundmetall.

Sanguisuga-Form: (lat. Blutsauger), in der Form des Blutegels.

Scheibenfibel: Platten-Fibel, it. *fibula a disco*, der Fuß der Fibel mit runder Platte verdeckt.

Silhouettentechnik: Flächige figurale Granulation.

Soda: Natriumbicarbonat, nat. Rohsoda = *nitrum*, wurde in der Antike durch Rekristallisation (ägyptische Natronseen) gewonnen.

Staubgranulation: Flächiger Auftrag winzigster Granalien.

Steatit: Speckstein, weiße oder grünliche Varietät des Talk.

Sumer, Sumerer: Südteil des alten Mesopotamien und seine frühesten Bewohner, 4000 v.C. Entwicklung zu Hochkultur.

Theophrast(os): eigentlich Turtamos, (372-287), Griech. Philosoph aus Eresos auf Lesbos, Schüler des Aristoteles der ersten Generation, “Geschichte der Pflanzen”, die beste Darstellung der Botanik vor der Neuzeit.

Tiegel: hier Schmelztiegel, Keramikgefäß für Metallschmelze.

Tiegelofen: Schmelzofen in Form eines Tiegels.

Treskow E.: Goldschmiedin, ab 1928 Protagonistin der wiederbelebten Granulationstechnik, Professur in Köln.

Ur: Sumerische Metropole, Gründung um 4000 v.C., Königsgräber des 3. Jt. v.C.

Wilm, J.M. sen.: Münchner Goldschmied, der ab ca. 1920 bereits meisterhaft mit Reaktionslot granulierte. Johann M. Wilm jun. führt dessen Tradition fort.